バスケットボール選手にとって技術よりも大切なこと

稲垣 愛 著
四日市メリノール学院中学校・高等学校
女子バスケットボール部コーチ

ベースボール・マガジン社

はじめに

こんにちは。そして、はじめまして。稲垣愛と申します。現在、三重県の四日市メリノール学院中学校・高等学校で女子バスケットボール部のコーチ（顧問）をしています。

四日市メリノール学院中学校・高校は、もともとキリスト教ローマカトリックの女子修道会を設立母体にした女子の中高一貫校でした。2003年に設立母体が移行し、2017年から男女共学になっています。

私は、その2017年から四日市メリノール学院中学校・高校に奉職することになり、同時に中学女子バスケットボール部のコーチに就任しました。

詳しいことは本書を読んでいただくとして、以来、全国中学校バスケットボール大会（全中）と、2020年度から始まった全国U15バスケットボール選手権、通称「ジュニアウインターカップ」でそれぞれ2度優勝しています。優勝だけでなく、両大会で合わせて3度、ベスト4にも入りました。2017年より前には、外部コーチとして携わった四日市市立朝《あさ》明《け》中学校の女子バスケット部で全中準優勝を1度経験しています。

そうした結果について特別に思うことはありません。子どもたちが目標としている「全国優勝」をともに達成できた、あるいはあと一歩だったと思うくらいです。結果は結果でしかありません。そんなことよりも大切なことが中学バスケットには――2022年からは高校の指導も始めたので、高校バスケットにおいても――あると思っています。

本書は、私が子どもたちと一緒に過ごしてきたなかで大事にしてきた、あるいは学んできたことについてまとめたものです。

子どもたちには中学3年間で、頑張り抜く力や踏ん張る力を培ってほしいと思っています。ただし、頑張っても報われないことはあります。そのことも子どもたちには伝えています。努力をすれば必ず花が咲くという言葉もありますが、大切なのはその花がどういう花かということです。

四日市メリノール学院中学校の女子バスケットボール部には2024年12月現在、60人の部員がいます。しかし全員がオリンピック選手になれるわけではありませんし、日本代表に入れるわけでもありません。全中やジュニアウインターカップで優勝できるとも、そもそも、それらに出場できるとも断言はできないのです。

全員が試合に出られるとも、ユニフォームを着られるとも言えませんし、子どもたちの行く末がどうなるかは、誰にもわからないのです。

子どもたちの多くは、それらを夢見て四日市メリノール学院中学校に入学してきます。保護者のみなさんもまた「うちの子ならできるのではないか」と期待を抱いているのかもしれません。その気持ちはわかります。

でも四日市メリノール学院中学校に入って、ユニフォームを着られなかったり、試合に出られなかったりすることに、何の問題があるでしょうか？　少なくとも私自身は子どもたちに全国大会で勝つことや試合に出ること、ユニフォームを着ることを求めていません。繰り返しますが、子どもたちには中学3年間で、頑張り抜く力や踏ん張る力を培ってほしいと思っているのです。

前任の朝明中学校もそうでしたが、四日市メリノール学院中学校には、本当にいろいろな子どもがいました。今もいますし、いていいのです。私たちはそういうチームです。

なかにはWリーグ（バスケットボール女子日本リーグ）に進んだ子もいますし、アンダーカテゴリー（年代別）の女子日本代表に選ばれた子もいます。将来的には女子日本代表に入ってオリンピックに出るような、バスケットで花が開く子も出てくるかもしれません。

でも、たとえバスケットで花が開かなくても、四日市メリノール学院中学校で頑張り抜いた力は、子どもたちが大人になったときに、何物にも代えられないものになると思っています。そう信じていると言ってもいいです。

だからこそ、子どもたちには覚悟を求めます。チームの横断幕にも大きく「覚悟」と書かれています。その下には「信じた事を最後までやり抜く」とも記してあります。自分の信じた事を最後までやり抜く覚悟、それこそが、四日市メリノール学院中学校・女子バスケットボール部が最も大切にしていることです。

本書に出てくる、いわゆる登場人物は、一部を除いて、ほとんどが無名の子どもたちであり、読者のみなさんと同じ一般社会に生きている人たちです。読者のみなさんが知るような有名選手やコーチは出てこないかもしれません。そういう意味では馴染みが薄いと感じられることもあるでしょう。でも私にとっては一人ひとりが、本書を出すうえでは欠かすことのできない、大切な子どもたちであり、大切な人たちです。

本書では、まず私がコーチとして歩んできた道のりを振り返ります。その後、私のコーチング哲学と、その原点ともいうべきいくつもの出会いや経験を紹介し、それらが現在につながり、そして未来へとつながっていくという構成で進めたいと思います。

私の言葉や生き方が、本書を手に取ってくださった方の心に響き、「自分の信じた事を最後までやり抜く覚悟」を持って日々を過ごしてみようと思っていただけたら幸いです。

WINTER CUP
0.0
24

CONTENTS

第1章 できる、できる、絶対できる

第2章 信じた事を最後までやり抜く覚悟

CONTENTS

第3章 中学バスケットのコーチとして

第4章 子どもたちのチームをつくる

第5章 中学生だからこそ

第6章 紆余曲折の中学バスケットへの道

CONTENTS

※本書に登場する選手の所属は2025年3月31日現在。

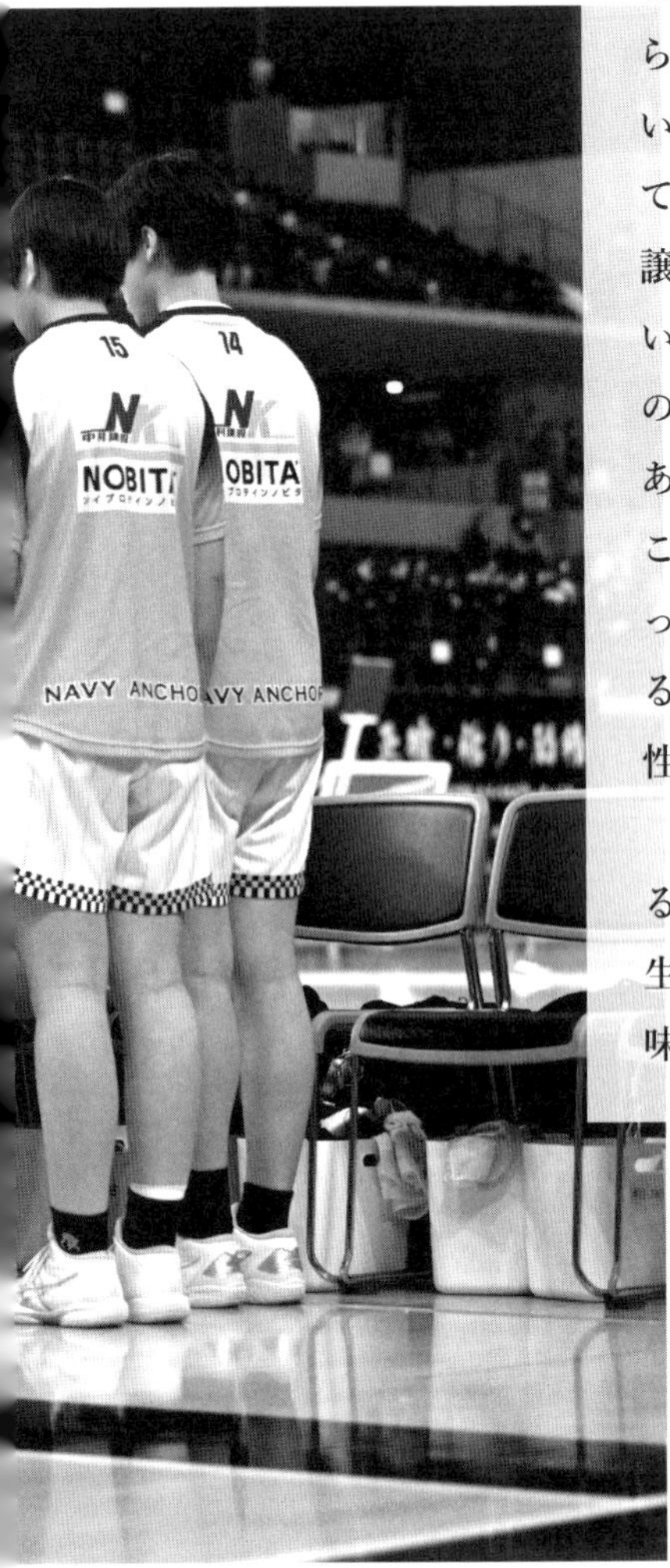

　私は今も子どもたちに「諦めるのであれば、大きくなってから諦めなさい」と言っています。いろんなことを知って、経験してから諦めるのであれば、百歩譲って背中を押してあげてもいいと思います。でも、「中学生のうちから諦めてどうするの？　あなたたちの人生にはいろんなことが待っているのに、諦めるってことは、その可能性を狭めることだよ。自分で自分の可能性を狭めてどうするの？」。

　そうした可能性を広げてあげる意味でも、子どもたちの日常生活を見られることに大きな意味があるのではないか。

12
9
NOBITA

CREDITS

編集協力
三上 太

編集
石田 佳子

デザイン
黄川田 洋志

写真
吉田 宗彦
加藤 誠夫

企画・構成
冨久田 秀夫

特別協力
四日市メリノール学院
日本バスケットボール協会

第1章

できる、できる、絶対できる

部活動は、学校生活から見ていることが大事だと思うのです。なぜなら、中学生だからです。誤解を恐れずに書けば、たかが中学生、たかがバスケットボールです。でも、それに本気で取り組もうと思えば、スポーツですから、必ず勝ち負けという結果が出ます。私自身は勝とうが負けようがいいのです。でも子どもたちは勝つことを目標にしているのですから、それを全力で支えるのが私たち指導者の仕事です。

輝く目とともに始まった私のコーチ人生

私が三重県の四日市市立朝明中学校女子バスケットボール部の指導に携わり始めたのは、2006年5月のことです。

朝明中学校はその2年前、2004年に東京で行われた全中で優勝候補のチームを破るなど、インパクトを残した中学校でした。詳細は第6章に譲りますが、2006年3月、東京全中に導いた顧問の先生が異動となり、さまざまな経緯を経て、私も指導に関わることになったのです。

チームには、3年生は1人か2人しかおらず、下級生が何人かいる程度でした。経験を含めて、バスケットの実力的にも弱くなっていました。地区大会でベスト4に残れるかどうかの力しかありません。

ただ子どもたちは「全国優勝したいです！」と言うのです。前任の先生の下でしっかり練習をしていたからでしょう。目をキラキラと輝かせながら、先輩たちの栄光を追って、私たちも全国優勝を目指したいと言います。そのときのキラキラとした目はいまだに忘れられません。いや、そのキラキラとした目を見たからこそ、私はその後、中学バスケットの指導にどっぷりと浸かっていくことになるのです。

正直なことをいえば「えっ、このレベルで?」と思いました。じつは東京全中に出たときの朝明中学校とは、私が当時所属していたクラブチームで練習試合をしたことがあったのです。その強さは身をもって知っています。そのときと比べて、申し訳ないけれども、この子たちでは……と思いました。

実際、ディナイ（ボールを持っていない選手に、ボールを持たせないように守ること）の練習をやらせると、まるでできません。簡単にボールをつなげられてしまう。「いや、そうじゃないでしょ。ディナイができていないでしょ。ディナイをしよう」と言っても、できないのです。

ちょうどそこに、私の恩師であり、朝明中学校の教頭を務めていた山川正治先生が見に来られました。

ちなみにこの山川先生は、私のバスケット人生を語るうえで欠かせない人物で、この後も随所に登場します。忘れてはいけない登場人物の一人です。

「先生、この子たち、ディナイをしなさいと言ってもできないんです」と言ったら、「いや、おまえ、この子たちはそもそもディナイが何かもわかっていないんだぞ」と言うのです。軽いショックを受けました。そうか、この子たちはディナイを知らないのか。だから、ディナイができないんだと初めて知りました。

そこから、「ディナイをするときはこういう姿勢をとって、重心はやや後ろ。手の位置はここで、手のひらをボールマンに向ける。両目の端でボールと自分のマークマンが見える位置になるよう頭を置きなさい」と細かく教えていきました。

ディナイだけではありません。ピボットも適切な姿勢から教えて、それができるようになったら、パスを加える。すると、今度は基本ともいうべきチェストパスが弱い。重心移動を使ってボールを投げられないのです。まずはバスケットの基礎（ファンダメンタル）を教えるところから始まりました。

保護者の後押しで正式なコーチに

少し複雑だったのは、当然のことながら、部には新しい顧問の先生がいることでした。当時の私は会社勤めをしている、いわゆる外部のアシスタントコーチです。平日の放課後は練習に行けません。

ただ朝明中学校は部活動のほかに、社会体育として夜間も練習をしていました。私は、19時から21時まで夜の練習を見てほしいといわれて、その指導をしていたのです。

土日も、顧問の先生はいずれかの日の半日しか部活動をやらない方針だったため、それ以外の時間は私が指導します。

約2カ月間、そんな日々を過ごして、3年生にとって最後の大会が始まりました。指揮を執るのは、当然、顧問の先生です。私もアシスタントコーチとしてベンチに座っていますが、指示は出せません。ところが、顧問の先生が話をしているにもかかわらず、タイムアウトのたびに子どもたちは私の顔をチラチラ見るのです。子どもたちとしては私の指示を聞きに行きたいけれど、それはできません。私自身もアシスタントコーチですから、必要以上に出しゃばるわけにはいきません。地区大会で敗れました。

子どもたちはよく頑張っていました。だから私としてはうれしい気持ちがありながら、一方で子どもたちに苦しい思いをさせてしまったという後味の悪さも残ります。夜の練習でファンダメンタルからしっかり教えて、土日もどっぷり練習してチームをつくってきたのに、最後の最後で、子どもたちが求めていた私の指示を届けることができなかった。子どもたちが本当に苦しそうだったから、山川先生に「辞めます」と伝えました。これ以上、子どもたちに苦しい思いはさせられないと思ったのです。

保護者の方々も何かを感じ取っていたのかもしれません。山川先生と今後の話し合いをされたそうです。そこで山川先生が「稲垣コーチが、子どもたちがかわいそうだから辞めたいと言っています」と伝えたら、保護者の方が「この２カ月、愛コーチにお世話になってきたし、子どもたちのことを思うなら、どうにかできませんか」と言われたといいます。山川先生も、「お父さん、お母さんがそうおっしゃるなら、校長先生に相談してみましょう」と返したそうです。

じつはその試合を校長先生も見に来られていて、子どもたちが試合中に私の顔をチラチラ見ていることに気づいていました。山川先生の報告を受けて、顧問の先生と話をしたようです。

もちろん、その先生も頑張っておられたわけで、夏以降は男子バスケット部の顧問になることで了承を得たようです。女子バスケット部の顧問には、バスケットのことをあまり知らない若い先生が就き、実質の指揮は私に任されることになりました。

子どもやその保護者にそこまで言われて、さらには校長先生や、前任の顧問の先生まで理解を示してくださったと聞けば、私も意気に感じます。このまま中途半端なことをしていたら子どもたちに失礼だ。そう思って、10年務めていた会社を辞めることに決めました。

もちろん、すぐには辞められません。当時はすでに結婚していて、娘の結乃《ゆの》も生まれていました。私の収入がなくなるわけですから、夫にも伝えなければいけません。どうしようかと思案した結果、ちょうど翌春に結乃が小学校に上がるタイミングだったため、それを利用させてもらいました。

「学校から帰ってきたときに誰もいなかったら寂しい思いをするでしょ。それは結乃がかわいそうじゃない？　だから春からは家で迎え入れてあげたい」

夫にはそう言って、辞めることを認めてもらったのです。実際は、私も両親が共働きでしたから自分も経験がありますが、帰ってきたときに一人でもそれほど寂しくはないと思うのです。でも夫はそこまで知りません。娘のためなら仕方がないと許してくれました。

会社からは、人事的な側面から3月までは残ってほしいと言われて、２００7年3月いっぱいまで勤め上げ、そこでスパッと辞めました。そこからは失業保険をもらいながら、中学バスケットコーチとしての本格的な人生が始まります。

衝撃の山形全中弾丸ツアー

私が正式に朝明中学校のコーチになった5月に1年生が入部してきました。2年生も力のある子たちで、2007年の朝明中学校は下級生中心のチームでした。前年、「全国優勝したいです！」と目を輝かせていた新3年生――私にとっての1期生――は、スタメン（スターティングメンバー）ではなかったのです。ベンチスタートで試合には出ていましたが、プレータイムはけっして多くありません。

前年の大会を終えたとき、山川先生に「これまで愛コーチにお世話になってきたのだから、愛コーチに指揮を執らせてほしい」と言ったのは、その3年生の保護者たちでした。特に松井咲樹と今枝莉美の親御さんには、本当にお世話になりました。あの方たちがいなければ、今の私は間違いなくいません。

練習でも試合でもチームの中心ではないのに、1期生も、その保護者もけっして嫌な顔をせずに、最後まで一生懸命にプレーし、サポートをし続けてくれました。

結果、その代は県大会で3位に入っています。1年間で大きな飛躍です。

そして新チームが始動するとき、あることに気がつきました。新チームの主力メンバーはもとより、「全中に出たい」と目をキラキラさせていた1期生も、みな全中を見たことがないと言います。目標に掲げながら、全中がどういうところかよくわかっていなかったのです。それはよくない。「よし、みんなで全中ってどんなものか、見に行ってみよう」と、２００７年の山形全中を視察に行くことにしました。

ただ学校は部活動として行かせるわけにはいかなかったようです。ならば、私が中心になっている社会体育として行こうと考えたのですが、やはり学校から「夏休みの社会体育は部活動がないときに行ってください」と通達がきました。

そこで、翌日の部活動がオフの日で、その前日が午前練習の日を見計らって行こうと考えました。午前の練習が終わった瞬間に「よし、練習終わり。さあ、車に乗れ！」と、山形まで車で行ったのです。距離にして約７４０キロ、約9時間。さすがに四日市から山形まで私一人で運転するのは大変だと、ここでも1期生の保護者、今枝さんがついてきてくれました。自分の娘はもう卒業しているというのに。

途中で仮眠を取りながら、山形まで行きました。山形に着いてからも、男子の試合のときは寝ていました。女子の試合を見て、私たちが目指す全中とはどんな舞台なのかを目と肌で感じようとしたのです。

２００７年の山形全中では、女子は八王子市立第一中学校（東京）が優勝します。この後、私が「東京のお父さん」と慕うことになる桐山博文先生が率いるチームです。彼女たちのプレー――パスのスピード、ドリブルの強さ、シュートの正確さ――を見て、それらがなければ全中には出られないのだと知って、子どもたちと大興奮です。いわゆる弾丸ツアーでしたが、行ってよかったと思っています。ただし、帰りに大雨に遭って、そのときは少し後悔しましたが……。

四日市に帰ってから、山形に行った６人の子どもたちに「私に感想を言うのではなく、周りの子たちに自分たちが見てきたことを伝えなさい」と言いました。ビデオも撮ったからみんなで回して、私たちが目指している全中ではどんな試合が行われているのかをよく見るようにと伝えさせたのです。

翌２００８年、その子たちが新潟で行われた全中に出場することになります。

強豪校を撃破して、新潟全中へ

山形全中を視察に行った翌年の新潟全中に、朝明中学校としては4年ぶり2回目の出場を決めます。

その年の三重県には桑名市立長島中学校という強豪校がいました。長島中学校の3年生は小学生のときにミニバスケットの全国大会でブロック優勝を経験しています。長島オールスターズというチームです。前年に県大会の3位になってはいても、全国大会を経験した子たちには勝てないのではないか。そう思いました。

しかも、あろうことか県大会の1回戦で、その長島中学校と当たってしまったのです。普通に考えればシード枠に入る長島中学校と初戦で当たるはずがないのですが、長島中学校は、たまたまエースの子がケガをして地区大会で優勝できず、そのため下位回戦からのスタートになったのです。

県大会のときには長島中学校のエースも復帰していますから、当然といってはおかしいのですが、序盤から突き放されます。第3クォーターが終わったところで23点のビハインドだったと思います。さすがに残り8分で23点差をひっくり返すのは難しい。一生懸命応援してくださっている保護者の方々にどう謝ろうか。子どもたちにどんな言葉をかけてあげたらいいのだろうか。第4クォーターが始まる前には、そんなことばかりを考えていました。

でもその春、2人の有望な1年生が入学していました。のちに桜花学園高校（愛知）を経て、ENEOSサンフラワーズでプレーすることになる山田愛と、四日市メリノール学院中学校で私の初代アシスタントコーチを務めることになる高橋成美です。私は、1年生でも圧倒的な力があると思えば、スタメンとして起用します。

山田と高橋はその圧倒的な力を持っていました。しかし、2人がスタメンになれば、それまでスタメンだった上級生が2人、スタメンから外れます。もちろん、その子たちは6番手、7番手として起用するわけですが、彼女たちに悔しさがないわけではないと思うのです。1年生にポジションを取られるわけですから。

ところが、そのうちの1人、太田紗矢が素晴らしい行動を起こしてくれました。長島中学校との試合の第3クォーターと第4クォーターの間、2分のインターバルのときに、「大丈夫、大丈夫」と声をかけていたのです。「まだまだ全然いけるよ。心配しないで」。

その言葉で私も我に返りました。それまで「どうやって謝ろうか」ということばかり考えていたのですが、「いや、待て、待て。8分で23点差。どうしたら逆転できるかを考えよう」と、頭をフル回転させ始めたのです。

その子はさらに山田と高橋にも声をかけます。「1年生なんだから思い切りやっていいんだよ。尻ぬぐいは私たちがするから」。純粋に「すごいな」と思いました。実際、すごくいい子なのです。自分のため、そしてチームのために頑張れる子です。

子どもたちがそう言っているのに、監督の私が負けた後のことを考えている場合ではありません。

「残り8分で23点差だから、3ポイントシュートを思い切って打っていこう。ディフェンスは前から仕掛けて、ボールを奪ったら一気にファストブレイクだよ。思い切ってやりなさい」

そう言って送り出したら大爆発。オールコートのプレスディフェンスがハマって、3ポイントシュートもどんどん決まり、一気に波に乗りました。23点差をひっくり返して逆転勝ち。決勝戦では、キャプテンの春日部美沙が大活躍。そのまま県大会優勝まで駆け上がったのです。

ただし、目指す全中は、県大会で優勝してもそのまま出場権が得られるわけではありません。もう一つ、三重県であれば東海ブロック大会に出場し、そこで3位以内に入らなければ、全中には行けないのです。

東海大会の1回戦は、名古屋市立若水中学校（愛知）との対戦でした。こちらも私がその後、公私においてお世話になる杉浦裕司先生（東海学園大学女子バスケットボール部ヘッドコーチ）が率いるチームです。

愛知はバスケットの盛んな県です。Wリーグのチームだけでも5チームありますし、大学は愛知学泉大学、高校は桜花学園高校などの強豪がひしめいています。その土台をなしているのは小学生のミニバスケットで、昭和ミニバスケットボールクラブという強豪チームもあります。

若水中学校にはその昭和ミニバス出身の子が多くいます。朝明中学校の学区にも八郷ミニバスケットボールクラブというチームがありますが、その差は歴然です。保護者も含めて「勝てないかな」「さすがに無理かな」という空気が流れました。

そんななか、山田と高橋も怖いもの知らずでどんどんアタックしていくのですが、例のスタメンを外された太田がまたやってくれます。若水中学校戦で3ポイントシュートを7本決めたのです。私は今も、あのときの若水中学校戦は太田のおかげで勝てたと思っています。スタメン落ちにも腐ることなく、ここでも自分のため、チームのために頑張ってくれたのです。コーチ冥利に尽きるとはこういうことでしょう。

若水中学校に勝った勢いに乗って準決勝まで進み、そこで負けたのですが、３位決定戦を4点差で勝ち切って、新潟全中への出場を決めました。

若水中学校に勝った直後、杉浦先生に「ありがとうございました」と挨拶に行くと、「これからの東海ブロックはおまえだぞ」と言われました。「絶対におまえの時代がくる」と。

それまで何度か練習試合はさせていただきましたが、杉浦先生とそこまで深い話をしたことはありませんでした。これはのちに聞いたのですが、「初めて練習試合に来たときから、朝明中学はウォーミングアップで懸命にハンドドリングドリルをやっていたから強くなると思っていた」そうです。子どもたちと一緒に、ただただ一生懸命やっていたことが実を結び、それを真剣に見て、受け取ってくれる人がいたのです。

痛恨の采配ミスも後悔はない

朝明中学校としては2度目の、私にとっては初めての全中は、予選リーグで1勝1敗となり、得失点差でリーグ3位に終わりました。初戦の就実中学校（岡山）には競り勝ったものの、２戦目の光明中学校（奈良）に負けました。

光明中学校に負けたとき、応援に駆けつけてくださっていた若水中学校の杉浦先生に「点差を計算していたのか？」と聞かれました。何のことかわかりません。予選リーグで三つ巴となったときに、私はどのようにして順位を決めるのかを知りませんでした。三つ巴になったら得失点差で決勝トーナメント進出チームを決めると聞いて、「えっ？」となりました。初めてとはいえ、痛恨のミスです。

知らなかったから、光明中学校とのゲームでは、出場機会の少なかった3年生を全国大会の舞台に立たせてあげたくて、全員を起用しました。これまでずっと練習で頑張っていましたから。

私たちと光明中学校との試合の後に、光明中学校と就実中学校の試合があったのですが、対戦した感触から光明中学校が負けるとは考えられませんでした。でも中学バスケットは何が起こるかわからないものです。そういうことさえ知らずに、得失点差で決勝トーナメント進出を逃してしまいました。

それでも新潟全中での戦い方に後悔はありません。最後のほうでコートに出て、3ポイントシュートを決めてくれた子もいましたし。ですから、まったく後悔はありません。

ただ、その年の10月だったと思います。市立沼津高等学校中等部（静岡）の体育館が新しくなって、そのこけら落としの大会が行われ、朝明中学校も呼んでいただきました。私はそこで、現在は名古屋のクラブチーム、ポラリスを率いる大野裕子先生に「全中、大変だったね。三つ巴でつらかったでしょ」と声をかけられて号泣しました。

大野先生は愛知の名古屋市立港北中学校や、同市立南陽中学校で全中に出場していて、3

位になったことのある先生です。退職後も、外部コーチとして名古屋市立長良中学校を全中3位に導いています。そんな大野先生も、初めて全中に出たときは予選リーグで三つ巴になったらしく、そのときの監督の気持ちがわかるとおっしゃったのです。それ以来、大野先生にはかわいがっていただいています。

泣きながら、子どもたちに申し訳ないことをしたな、ゲームコントロールをもっとしっかりしてあげなければいけなかったなと学びました。子どもたちが一生懸命に練習をして、やっとの思いで出場を決めた全中で、監督として何てことをしてしまったのだろうかと。

子どもたちのことは今も誇りに思っていますが、私自身が全中についてあまりにも無知でした。

泣くほどの悔しさを忘れずに

翌２００９年は、東海ブロック大会の3位決定戦で敗れて、あと一歩のところで鹿児島全中出場を逃しました。2年生には山田と高橋がいましたが、3年生は2人しかスタメンに入っていませんでした。一番背の高い選手が１６３センチで、後はみんな１５０センチ台と、サイズ的にも厳しかったです。

東海ブロック大会の準決勝は若水中学校との対戦でした。酒井彩等（アイシンウィングス）や井澗絢音さん（元トヨタ紡織サンシャインラビッツ）が2年生にいたときのチームです。

競り合いながらも負けました。もう一方の対戦カードは、津島市立藤浪中学校（愛知）と常葉学園中学校（静岡／現常葉大学附属常葉中学校）です。そのときの藤浪中学校には175センチを超す選手が3人くらいいて、一方の常葉学園中学校には根本葉瑠乃（三菱電機コアラーズ）がいたのですが、圧倒的に藤浪中学校が優位だといわれていました。私も藤浪中学校が負けるとは思っていません。常葉学園中学校への対策ばかりをしていました。

ところが、藤浪中学校が負けて、3位決定戦の相手になったのです。その高さを抑えることができずに負けてしまいました。

もちろん、敗因は相手の高さや強さだけではありません。朝明中学校も下級生中心のチームで、緩さがあったのだと思います。山田と高橋も1年生のときのような勢いがなくなり、いわゆる「中2病」のような緩さがあって、私もそれを引き締められませんでした。

藤浪中学校との3位決定戦では、山田が5つのファウルを犯してファウルアウトしました。ベンチに帰ってくるときに泣いていましたから、よほど悔しかったのでしょう。

「泣くな。来年は絶対に勝つぞ。私も今、はらわたが煮えくり返るくらい悔しい。だけど今は泣くのをやめて、来年は絶対に勝ってやるぞという顔で、このゲームの残りを見ていなさい」

山田も「わかりました」と泣き止んで、コート内の選手たちに必死に声をかけ続けて、その試合を終えました。

そこからの1年は、気合を入れ直して猛練習です。山田が緩みそうになったら「あのとき悔しかったんじゃないのか！」と言い続けて、練習しました。それが翌2010年の広島全中出場につながるのです。

前年負けた相手との1回戦に「やったー！」

2010年、東海ブロック大会の1回戦は、図ったかのように藤浪中学校が対戦相手でした。今もそうですが、愛知県を勝ち抜いてきた中学はどこも強いのです。県を2位で通過してきたチームでさえ強い。だから初戦が愛知県のチームだと聞くと、どの学校も嫌だと思うものです。

実際、その年の藤浪中学校は愛知県を2位で通過してきていて、私は「いきなり藤浪中学か……」と思っていました。負けたら、その時点で全中出場はなくなります。

でも、子どもたちは違いました。1回戦の相手が藤浪中学校とわかったときに「やったー！」と喜んでいたのです。「何で？」と聞いたら、「これで昨年の借りが返せます。藤浪中学をやっつけられます」と言います。

試合が始まる前に藤浪中学校の鷲野鋭久先生（星城高校女子バスケットボール部コーチ）に挨拶に行くと、「今日は指導者生命を懸けて戦うから」と言われました。2階の観客席からは大野先生や杉浦先生が見ているし、当時は北九州市立高見中学校（福岡）女子バスケット部のコーチだった山﨑修先生（四日市メリノール学院中学校男子バスケットボール部コーチ）からは「負けたら絶交」と冗談を交えた激励のメールが届くし、こちらとしても緊張感が高まります。

前半終了まであと少しというところで18点のビハインドを背負っていました。そこで6番手の子が3ポイントシュートを2本、立て続けに決めて12点差となり、前半を終えました。

ベンチに戻ってくる子どもたちに「いいよ、いいよ」と言ったら、観客席の大野先生から「いいよ、じゃないでしょ」と叱られました。

「何をやっているの！　まったく愛ちゃんらしくないでしょ！　このままでいいの？　昨年悔しい思いをして、今があるんじゃないの？　今が頑張るときでしょう！」

私もそうだなと思って、もう一度子どもたちに「昨年の悔しさを思い出そう」と言ってねじを巻き直したら、後半で大爆発。前年の大会で泣いていた山田と高橋、6番手の子が奮起してくれたのです。3人だけではありません。もう一人、けっしてチームの中心ではなかった子が頑張ってくれて、粘って、粘って、大事なところで相手のドリブルをスティールし、得点につなげたのです。逆転勝ちです。しかもその年の東海ブロック大会は三重で開催されていましたから、会場も大盛り上がりです。

前年の悔しい負けがなければ、広島全中出場はなかったかもしれません。

この話にはもう少し続きがあります。藤浪中学校戦で値千金のスティールをした子が全中の3日前に骨折してしまい、出場できなくなってしまいます。それでも予選リーグは2位で通過して、決勝トーナメントに出場しました。その初戦で「負けたら絶交」と言っていた山崎先生率いる高見中学校と対戦します。

高見中学校には、その後、桜花学園高校から東京医療保健大学（東京）に進んだ森田菜枝さんと、同じく桜花学園高校から早稲田大学（東京）に進んだ萩尾千尋さんがいました。

山田と高橋、6番手の子が活躍してくれましたが、広島全中はそこで負けました。

子どもたちが楽しそうなら660キロなんて

高見中学校の話が出てきたので、彼女たちとの交流についても記したいと思います。

2010年の広島全中は高見中学校と若水中学校が優勝候補に挙げられていて、私たちも何とかその2校の間に割って入りたいと思っていました。だから、両チームとは何度も一緒に練習をしたり、練習試合をさせてもらいました。若水中学校は名古屋にありますから、車を使えばサッと行ける距離です。でも高見中学校のある北九州市となると簡単には行けません。それでも何度か行きました。ちょうど国の経済対策の一環で、休日の高速道路利用料が一律1000円だったときです。

その前年、杉浦先生がジュニアオールスター（2019年まで行われていた都道府県対抗の全国大会）で森田さんたちのいる福岡県選抜と対戦していて、「すごくいいチームだから勉強になる。高見中学に行ってきたらいい」と、山﨑先生を紹介してくださったのです。そこからの付き合いです。3年後の2013年には北九州市まで10回も行きました。

当初は大阪南港からフェリーを使っていました。三重から北九州市まで車で行くという発想がなかったし、お金もかかるからフェリーがいいだろうと。でもフェリーだと時間がかかりすぎます。じゃあ、車で行こうという話になったのが、ちょうど休日の高速道路料金が1000円になったときでした。

山形全中の視察に行ったときもそうですが、私は車の運転がさほど苦ではありません。もちろん、途中で休憩も入れます。北九州市に行くときもサポートしてくださる保護者がいました。みんなで北九州市までのドライブ感覚です。

三重から北九州市までは約660キロ。これを書いていて気づいたのですが、山形よりは近い。そうはいっても660キロを車で行くのは、運転が苦ではなくとも、けっして容易なことではありません。

それでもお邪魔させてもらっていたのは、よいチームと練習や試合をすることが、私自身にとっても、子どもたちにとってもすごく楽しかったからです。それを思うと660キロなんて何でもありません。

もちろん、高見中学校と対戦することで学びもありました。バスケットのことや高見中学校の子どもたちがバスケットに取り組む姿勢がそうです。でもそれ以上にバスケットを楽しんでいる子どもたちを見るのが楽しかった。若水中学校もそうでしたが、中学バスケットでこんなに楽しむことができるのだと思うと、それだけで楽しくなります。

当時の山﨑先生は厳しい指導をされていました。いや、厳しくも愛がある、と言ったほうが正しいのかもしれません。それでも練習メニューはしんどそうなものばかりです。そのしんどそうな練習メニューを森田さんたちは嬉々としてやっていました。それが最初に受けた衝撃です。

混ぜていただいたときは、山田や高橋も一緒になってギャーギャー言いながら練習をしていました。山田はストイックで懸命にやる子だったので、しんどい練習でも森田さんたちが楽しそうにやるのが衝撃だったのでしょう。そうしてよいチームからよい刺激を受けてくれることもまた、私にとっては楽しいことなのです。

では、一生懸命に頑張っていればどんなチームでもいいのかといえば、それは違います。それぞれのチームが醸し出す〝空気〟を吸いたくなったときにお邪魔させてもらうのです。チームをつくるうえではどうしても波があります。だから、こういうときは「山﨑先生にヒントをもらいに行こう」、こういうときは「杉浦先生に教えてもらおう」といった感じで、チームの状態に応じてお願いしていました。

当時の所属でいえば、若水中学校の杉浦先生、ポラリスの大野先生、高見中学校の山﨑先生、そして八王子市立第一中学校の桐山先生……。そうした先生方にはとても助けていただきました。そのおかげで今の私があると思っています。感謝してもしきれません。

伝統の「朝掃除」は子どもたちの提案

2011年、2012年は全中に出られませんでした。2012年は下級生が中心のチームで、3年生は2人しかいませんでした。それでも2年連続で全中出場を逃すのは、もはや、技術や戦術の問題ではありません。東海ブロック大会で負けた常葉学園中学校や浜松開誠館中学校（静岡）とは、1、2点差の負けだったと記憶しています。1、2点差の負けはベンチの采配ミスです。

ただ、ベンチのミスで片付けてはいけないのではないか。もっと中学バスケットの根底をわからないといけないのではないか。私も子どもたちも変わらなければ、全中には二度と出られない。そんな気がして、子どもたちにこう伝えました。

「おまえたち自身が何かに気づいて、何かをつかめないと、おまえたちのバスケットではない気がする。だからおまえたちで話をしてこい。ミーティングをしてきなさい」

新チームの主力、つまり翌年3年生になるのは、平野実月（韓国・龍仁サムソンライフブルーミングス）と、現在、四日市メリノール学院中学校でアシスタントコーチを務めている粟津雪乃たちです。

子どもたちだけで話し合って、キャプテンの平野が答えを持ってきました。

「気づきが足りませんでした」

そんな答えを持ってくるのかと、うれしくも驚きました。が、こう返します。

「じゃあ、どうしたらいい？　どうしたら、おまえたちの言う『気づき』が養えるのかを考えよう。気づく力がないから困った子を助けられない。気づく力がないからルーズボールもリバウンドも取れなくて負ける。じゃあ、どうしたらいい？」

その問いに平野たちはまた考えて、こう返してきました。

「学校を掃除します。朝練をやめて、学校のどこかに困っているところはないか、自分たちで見つけます」

これもまた、感心を飛び越えて驚きでした。私が「掃除をしなさい」とか「掃除をするのはどう？」と言ったわけではありません。自らの気づく力を養うために、平野たちが中学生の発想で始めたことなのです。

それは、私が四日市メリノール学院中学校に移った今もバスケット部の伝統として続いています。高校生は朝練習をしていますが、中学生は今も朝掃除です。8時15分から25分までの10分間、遠くから通っている子はバスが8時20分に着くので5分だけ、基本的に60人全員がやっています。

掃除のときの子どもたちを見ていると本当におもしろいものです。何人かで固まってしゃべりながらやっている子もいれば、汚いところに気づいてスッと動ける子もいます。バスが着いたときも、サッと降りて掃除に入る子もいれば、のんびりバスから降りてくる子もいます。それでも、たとえばしゃべりながらやっている子に注意はしません。ボソリと「みんなで草むしりしているみたいだけど、朝掃除はどういう時間か考えたほうがいいよ」と言うくらいです。それで気づいて動く子もいれば、気づかずにおしゃべりしている子もいます。おもしろいものです。

私が言って始めた朝掃除ではありませんが、年に1回、8月12日だけは、みんなで一斉に中庭にあるマリア像の周りをきれいにします。これは私が伝えました。

1985年8月12日、日本航空の旅客機が群馬県の御巣鷹山《おすたかやま》に墜落する「日航機墜落事故」が起きました。その事故で亡くなられたCA（客室乗務員）の一人が四日市メリノール学院中学校・高校の卒業生だったのです。当時、私は生まれていますが、子どもたちやアシスタントコーチの粟津は生まれていません。その事故のことはまったく知らないのです。それでも、風化させていいわけではありません。卒業生が犠牲になられたのであればなおさらです。だからその日だけは、私の陣頭指揮の下、卒業生を含む犠牲者を悼んでマリア像の周辺を全力で掃除しています。

子どもたちの柔軟な発想を信じて

話は逸れましたが、平野ら子どもたちの発想で始めたのは朝掃除だけではありません。そのころはすでに中学生がスマートフォンを持つ時代で、無料通話アプリのＬＩＮＥ（ライン）のサービスも始まっていました。そのため子どもたちは何でもかんでもＬＩＮＥで連絡をするようになっていたのです。

するると「ＬＩＮＥしたからＯＫだよね？」となり、面と向かったコミュニケーションが取れなくなります。子どもですから集まれば一緒になって騒ぐのですが、必要なやりとりがうまくできなくなっていました。それが気になっていたので指摘したら、平野たちは「ＬＩＮＥをやめます。ちゃんと口頭で伝えるようにします」と言ってきたのです。

ＬＩＮＥの便利さは私自身もわかっています。だから、まさか「やめる」という結論を持ってくるとは思ってもいませんでした。でも彼女たちが彼女たちなりに考えて、「私たちはどこかで楽な方法を選んでいました。これからは親にも頼らず、自分たちの口で伝えるようにします。そうでなければ思いも伝わらないから、ＬＩＮＥを禁止にします」と言ってきたのです。それ以降、一部の例外を除いて、女子バスケット部ではＬＩＮＥは禁止になりました。今は遠方の子も多いので、さすがにＯＫにしていますが……。

本当にすごい子たちです。中学生であっても、それほど考えられる力があるのかと、改めて驚かされました。

先ほど「1、2点差で負けるのはベンチのミスだけど、ベンチのミスだけで片付けてはいけない」と書きましたが、それは子どもたちにも伝えています。

敗因を含めて、うまくいかないことについては、指導者である私が考えます。でも私が思っていることよりも、子どもたちの考える力のほうが数段上を行くこともあります。

子どものほうが柔軟な発想力を持っていますし、それが部員の数だけあるわけです。「3人寄れば文殊の知恵」です。年齢を重ねればそれだけ頭は固くなっていきます。でも、子どもたちはいろんな可能性を持っていて、いろんな答えを持ってきます。いろんな答えがあるから、「じゃあ、どうしたらいい？」と私も聞くようにしています。ときに大人の私が思いもしなかった答えが返ってくるという期待が、私のなかにあるのかもしれません。

一方で、とんでもなく的外れな答えを持ってくるときもあります。うーんと思うような答えを持ってきたときは「私はそうじゃないと思うよ。どう？」と一度、突き返します。そうすると、今度はすごいなと思わされる答えを持ってきます。私の顔色をうかがって出した答えではなく、子どもたちなりに考えて出した練りに練られた答えです。

少なくとも、平野たちが「気づきが足りないから、朝掃除をします」と言い、「ＬＩＮＥだと一方的になるから、伝えたい相手に面と向かって言います。その反応のよいところも悪いところも見たいし、見なければいけないからＬＩＮＥをやめます」と言ってきたときは本当に驚きました。こちらが「本当に大丈夫？」と心配になるほどでした。

「決めるべきことは、なるべくみんながいるところで決めます。集合時間などの事務連絡も、みんなが入ってこられるところで行い、後から連絡することがないようにします。どうしてもそれがうまくできないときは、事務的なことであればメールでやりとりします。さすがに電話で全員に伝えるのは、お金も時間ももったいないので。もちろん、メールがダメなときは電話にします」

泣き出した選手を救ったチームメイトの言葉

その「気づき」が、翌２０１３年、静岡県で開催された浜松全中での準優勝につながったのだと思います。その結果も、そこまでの勝ち上がりも思い出深いものですが、それ以上に、この年は平野を中心に子どもたちが自分たちなりの答えを出してきたことのほうが強く記憶に残っています。手前味噌かもしれませんが、「こんなことを考えられる朝明中学校の子たちってすごくない？」と周りに自慢したい気持ちでした。

しかも、彼女たちはけっして頭抜けた才能を持っていたわけではありません。スーパースターなんているわけがないのです。粟津に至っては、ミニバスケットで県大会にも出ていない、ただ身長が高いという特徴があった子です。高いといっても１７８センチくらいですから、全国大会に出ればもっと身長の高い子はいます。たとえば若水中学校には馬瓜ステファニー（バスケット・サラゴサ２００２／スペイン）が、昭和学院中学校（千葉）には赤穂ひまわり（デンソーアイリス）が、札幌市立清田中学校（北海道）には栗林未和（東京羽田ヴィッキーズ）がいました。彼女たちは当時から１８０センチを超えています。

栗津以外も普通の子どもたちです。東海ブロック大会で藤浪中学校に勝った試合を見て、朝明中学校でバスケットをやりたいと思ったそうですが、山田や高橋のような力があるわけではありません。若水中学校や藤浪中学校にはミニバスケットチームのエース級が集まる一方、朝明中学校はその脇を固めるクラスの選手か、それらの選手を陰から支えるクラスの選手たちで構成されたチームです。でも、だからこそ、みんなで支え合って、ときには喧嘩もしながら、一つのチームになっていったのです。

浜松全中の決勝トーナメント1回戦は大分市立戸次中学校（大分）との対戦でした。戸次中学校には赤木里帆（富士通レッドウェーブ）がいます。サイズのあるチームではないので、高さのある栗津にダブルチームを仕掛けてきました。ときにはトリプルチーム（3人がかりで守られること）もありました。

ミニバスケットでのキャリアは少ないながらも、その高さを生かして頑張ってきた栗津ですが、ダブルチームはもとより、トリプルチームまでされると表情が一気に曇って、ついには試合中に泣き出しました。経験したことのないような守り方をされてうまく対処できず、思わず泣き出してしまったのでしょう。

苦しんで戦っている姿はかわいそうでしたが、叱りました。みんなでつくって、みんなで勝ち上がってきたチームです。私としては、慣れないディフェンスで苦しいからと、一人で泣き出すことを簡単に認めるわけにはいきません。

「そんな顔をするんだったら、もう出なくていい。ベンチに下がっていなさい」

そのとき、平野が「栗津がこんなふうに泣き出したのは自分たちに責任があります」と言って、栗津を試合に出すよう懇願してきたのです。やはり、みんなでつくってきたチームです。

そこに至るまで、普段の練習や練習試合で、誰かが何らかの理由でチームに影響を及ぼしたときに、私はよくこう言っていました。

「（そうしたことが起こるのは）この子だけのせいなの？　絶対に違うよね？　この子がそうなるのには理由があるでしょ？　なぜそれを放っておくの？　これまでこの子にどれだけ助けてもらってきたの？」

その言葉を平野はしっかりと覚えていたのです。戸次中学校戦で栗津が泣き出したとき、その栗津の成長があったからこそ、自分たちは全中の決勝トーナメントまで勝ち上がることができたのだと気づいてくれました。その瞬間、勝ったと思いました。状況としては負けているのですが、負けるわけがないと思ったのです。

平野の言葉を受けた栗津がそこから大きく踏ん張ってくれました。結果、第4クォーターに逆転したのです。試合にも勝つことができましたが、平野のその言葉が出てきたとき、また栗津が励ましの言葉に応じて必死に耐える姿を見たとき、私はこのまま負けても一片の悔いもないと思っていました。子どもたちがここまで成長してくれたのですから。

2回戦の就実中学校戦にも勝って、翌日、大会最終日の準決勝は若水中学校との対戦です。

子どもたちの内なる成長が全中決勝へ

若水中学校とは、相変わらずよく一緒に練習をしていました。東海ブロック大会の組み合わせが決まった日も、一緒に練習をしていました。杉浦先生とはずっと「全中の決勝で対戦したいね」と話していましたが、トーナメントの組み合わせが決まったときに「これだと準決勝で当たることになるね」と言いながら、その日の夜も一緒に食事をしていたほどです。

話は前後しますが、その年の東海ブロック大会でも準決勝で若水中学校と対戦しました。その試合の前に子どもたちが「杉浦先生に挨拶に行ってもいいですか？」と言ってきたのです。

というのは、そのときすでに杉浦先生は定年を迎えられていたため顧問ではなく、外部コーチとして子どもたちを指導されていました。そのため、当時のルールだったのか、それとも学校の方針なのか、顧問ではない杉浦先生はベンチ入りを許されません。東海ブロック大会も、その後の全中もそうです。

観客席から声援を送りつつ、求められれば一つ、二つアドバイスをするくらいです。基本的には顧問の先生がいらっしゃるわけですから、杉浦先生も必要以上に出しゃばることはしません。

それでも朝明中学校の子どもたちにとって、若水中学校の指導者はあくまでも杉浦先生です。試合前に挨拶に行っていいかと聞くので、「おお、いいぞ。行ってこい」と伝えました。

するとこどもたちは、若水中学校の保護者や応援団がいる観客席の下に並んで、「杉浦先生、よろしくお願いします」と大きな声で言ったのです。私としては、子どもたちがこんなにも成長してくれたのかと、うれしい気持ちです。杉浦先生も観客席で涙を流しながら、「頑張ろうな。一緒に楽しいバスケットをやろうな」と言ってくださいました。

東海ブロック大会の準決勝は、粟津が馬瓜ステファニーを必死に守り、平野のブザービーターの3ポイントシュートで追いついたのですが、延長戦で負けました。試合後、子どもたちがまた杉浦先生のところへお礼の挨拶に行ったら、「次だぞ！」と力強く言ってくださいました。その言葉で子どもたちは気持ちの切り替えができて、3位決定戦に勝ち、浜松全中行きを決めたのです。

そんな経緯を踏まえての全中の準決勝です。子どもたちはコートの外にいる杉浦先生のところに、また挨拶に行っていました。

今度は私たちが勝ち、初の全中決勝戦進出を決めました。試合後の取材を受けた後、階段を上がったら、杉浦先生が両手を広げて待ってくださっていました。そして私を抱きしめながらこう言ったのです。

「愛、よくやった。楽しいバスケットをありがとうな！」

決勝戦の相手は藤浪中学校です。2年生に山本麻衣（トヨタ自動車アンテロープス）がいました。

　前述のとおり、藤浪中学校は愛知県の中学校です。それにもかかわらず、杉浦先生と大野先生は朝明中学校の応援席に座ります。八王子市立第一中学校の桐山先生もいて、3人が並んで見てくださるわけです。3人とも中学バスケット界では有名な先生方ですから、周囲の人も杉浦先生と大野先生が愛知県の先生であることは知っています。「先生、愛知県は逆側が応援席ですよ」と言われて、杉浦先生はピシャリと答えます。

「全中の決勝戦で愛知県とかどうとかそんなものはない。応援したいチームがここにある。それがすべてだろ」

　杉浦先生たちだけでなく、若水中学校の子どもたちも朝明中学校のユニフォーム――決勝戦で使っていないカラーのユニフォーム――を子どもたちから借りて、それを着て応援してくれました。応援リーダーは馬瓜ステファニーです。

　そこまでしてくれたのに、藤浪中学校との決勝戦は不甲斐なく負けました。私は試合後、応援してくださった人たちに言いました。

「ごめん、力尽きた！」

中学バスケットの難しさを痛感した2年間

　2014年の香川全中は予選リーグで負け、2015年の岩手全中、2016年の福井全

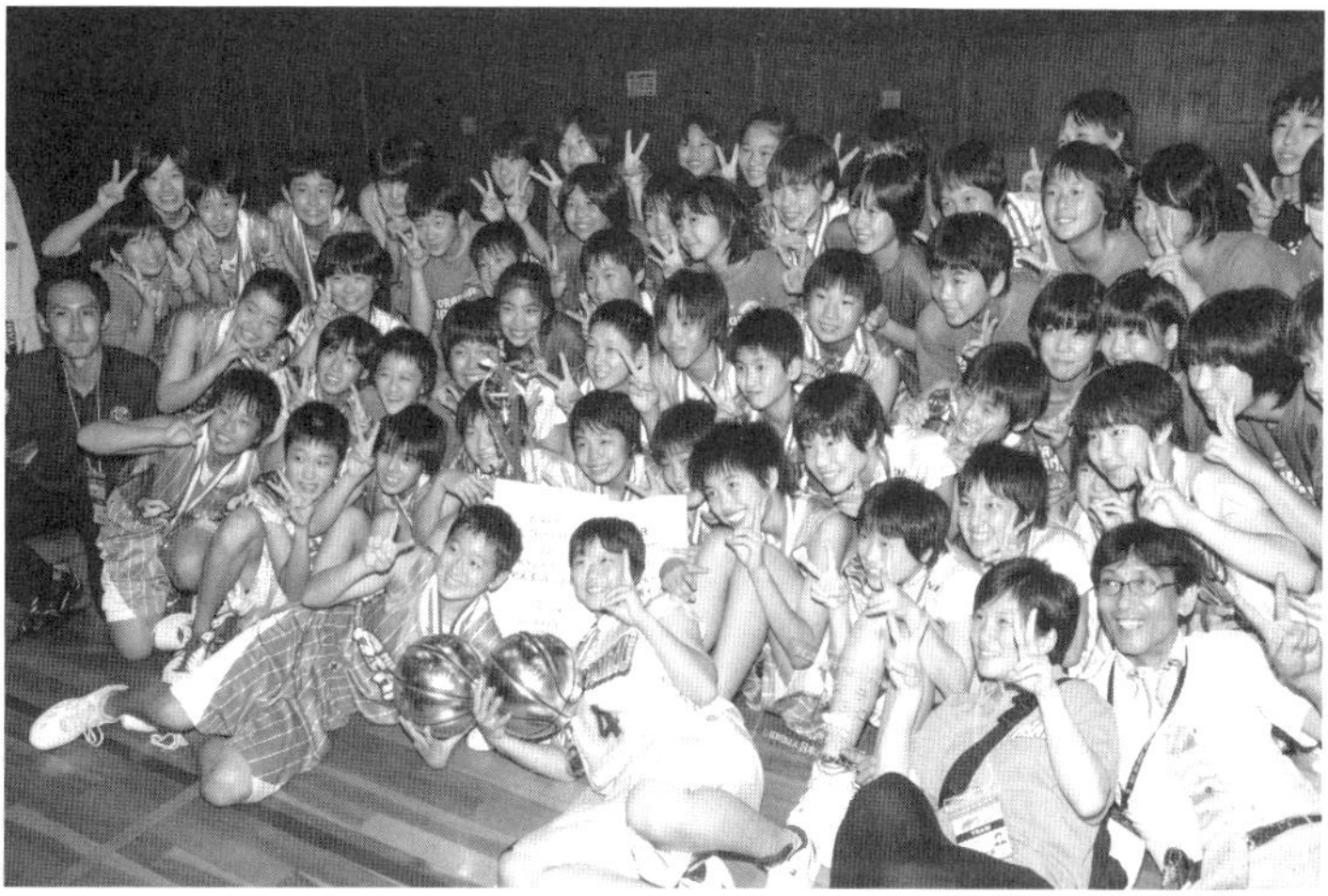

2013年、静岡県浜松市で開催された全国中学校バスケットボール大会では、朝明中学校を初の全中決勝に導いた。子どもたちの内なる成長が、何よりも大きかった（写真は若水中学校のメンバーと）

「東京のお父さん」と慕う八王子市立第一中学校の桐山博文先生には、さまざまな局面で叱咤激励を受けた

決勝の藤浪中との一戦は、馬瓜ステファニーを中心に若水中学校が朝明中学校のユニフォームを着て応援した

中は出場も逃しました。正直なところ、これでもう二度と全中には出られないのではないかと思ったほどです。

特に2015年の岩手全中を逃したことが大きかったように思います。それまで優勝を逃していなかった三重県大会で2位になったのです。決勝戦の相手はよいチームでしたし、私たちも東海ブロック大会に出場できたわけですからけっして悪い結果ではありません。

確かに、力もサイズもない子たちでした。でも、それを超えてきたのがこれまでの朝明中学校です。ただその年は、力もない、サイズもない子どもたちに、その「ないもの」を超えさせられない何かがあったように思います。東海ブロック大会で藤浪中学校に負けてしまいました。

2016年の子たちも小さかった。朝明中学校時代はそういう子どもたちばかりです。力もなければ、サイズもない。そのなかでどれだけ成長させられるかが大きなカギでした。その点でいえば、平野や粟津たちのような大きな成長を見せてくれた子は、その2年間にはいなかったように思います。

個人的には好きなチームでした。特に2015年のチームは、ボールと人が止まらないバスケットができていましたから、このチームで全国へ、と思っていたのです。でもそれだけでは足りませんでした。中学バスケットを指導する難しさというか、奥深さみたいなものを改めて感じた2年間でした。

子どもたちの可能性をより広げるために

福井全中を逃した２０１６年に、四日市メリノール学院の理事長から声をかけられます。同校は、元々中高一貫の女子校でしたが、２０１７年に共学になります。そのタイミングで強化部をつくり、さらに監督人事でもインパクトのあることをしたかったようです。私は三重県内ではある程度の結果を残していましたから、それを聞きつけて、私にコンタクトを取ったのだと思います。

しかし、当時の四日市メリノール学院中学校・高校には、中学校の女子バスケット部がありませんでした。ですから、最初は「高校の女子バスケット部を強化してもらえませんか」と誘ってこられたのです。

その場でお断りしました。高校バスケットには興味がなかったからです。当時から桜花学園高校の井上眞一先生とは懇意にさせていただいて、多くのことを学ばせていただきました。しかし、自分が高校バスケットを指導することはまったく考えていません。

すると数日後、「中学校の女子バスケット部をつくるので、その中学女子を強化してもらえませんか」と連絡がきたのです。

中学バスケットならば、考える余地は十分にあります。というのは、朝明中学校では外部コーチでしたから、子どもたちの学校生活が見られないというジレンマがあったからです。

しかも、岩手、福井と連続で全中出場を逃しています。子どもたちに、私自身が気づいてあげられない何かがあったのではないか。そう思ったら、子どもたちの日常生活を見てみたい、部活動以外のときはどんなふうに過ごしていて、どんなふうに毎日に向き合っているのかを見てみたいと思ったのです。

教員免許は持っていたので、公立の教員採用試験を受けようと考えたこともあります。しかし、もし採用されたとしても朝明中学校に赴任できるかどうかはわかりません。だったら外部コーチのまま、朝明中学校に関わっているほうが、子どもたちのことをずっと見ていられる。そんな思いを抱えていました。

そんなときに四日市メリノール学院から「高校ではなく、中学校の女子バスケット部を指導してほしい」と言われて、それなら朝から晩まで子どもたちを見ていられると思いました。この2年間で気づけなかったものが見えるようになるのではないかと思って、引き受けることにしたのです。

部活動は、やはり学校生活から見ていることが大事だと思うのです。なぜなら、中学生だからです。誤解を恐れずに書けば、たかが中学生、たかがバスケットボールです。でも、それに本気で取り組もうと思えば、スポーツですから、必ず勝ち負けという結果が出ます。私自身は勝とうが負けようがいいのです。でも子どもたちは勝つことを目標にしているのですから、それを全力で支えるのが私たち指導者の仕事です。負けるときは何かが足りなくて負けるわけですから、その何かを見つけなければなりません。

バスケットコートにあるものとは限りません。「徳を積む」ではありませんが、教室や廊下のゴミを拾うことでもいい。日常生活の至るところに、自分が、あるいは自分たちが目指すものを得る、もしくは得られない理由があるのではないかと考えたのです。

能力さえあれば勝てるというのであれば、能力のある選手、あるいはチームがずっと勝ち続けているはずです。でも実際にそんなことはありません。能力だけではない何かがきっとあって、それを見つけられるかどうかだと思うのです。

これは日本代表チームにも通じるところがあると思っています。バスケットボール女子日本代表が自分たちよりもサイズが大きく、身体能力も高い外国の代表チームに勝てるのは、相手のどこかにほころびを見つけて、そこを突いたり、すり抜けたりするバスケットをするからです。尋常ではないほどの速さでディフェンスをローテーションするから、相手のミスを誘発できるのです。必ずどこかにチャンスがあるわけだから、その隙《すき》を突いていく努力をしなければいけません。それは私がずっと思っていることです。

そしてそれは、そっくりそのまま中学生にも当てはまります。たとえば、多くの大人は子どもに「優等生でいなさい」と言います。はっきりと言わないまでも「優等生でいてほしい」と思うわけです。しかし、勉強が苦手な子は、残念ながら一定数います。大切なことは、そこで「勉強は苦手なのでしません」ではなく、「苦手だけど努力します」であるべきです。

努力したうえで、答えが合わないのであれば、それは仕方がありません。次は正解できるように、また頑張ろうと言えます。でも中学生のうちから、勉強は苦手だからと諦めていたら、大人になったとき「この仕事は苦手なので辞めます」ということになりかねません。それで幸せになれるでしょうか？　少なくとも中学生、高校生までに努力することの大切さを教えてあげるべきだと思います。

私は今も子どもたちに「諦めるのであれば、大きくなってから諦めなさい」と言っています。いろんなことを知って、経験してから諦めるのであれば、百歩譲って背中を押してあげてもいいと思います。でも、「中学生のうちから諦めてどうするの？　あなたたちの人生にはいろんなことが待っているのに、諦めるってことは、その可能性を狭めることだよ。自分で自分の可能性を狭めてどうするの？」。

そうした可能性を広げてあげる意味でも、子どもたちの日常生活を見られることに大きな意味があるのではないか。そう思って、四日市メリノール学院に奉職することを決めたのです。

第2章

信じた事を最後までやり抜く覚悟

あのときのジュニアウインターカップは、深津の表情がすべてを物語っていました。こんなにも楽しそうにバスケットができるのかと、私自身も改めてバスケットの楽しさを教えてもらったように思います。私自身もというのは、娘の結乃がよく言っていることだからです。「あいつ（深津）がかわいくて、何度も映像を見返す。あいつのダメなところもたくさん知っているけど、ニコニコしながらバスケットをしているあいつがかわいくて」。

保護者が見せた覚悟

２０１６年の9月下旬だったと思います。新人戦が始まるので、そのタイミングで朝明中学の子どもたちと保護者に転籍の話をすることにしました。まずは保護者に伝えます。

「私、今年度いっぱいで朝明中学を辞めます。来年度からは四日市メリノール学院中学に移ります」

私個人としては、先に子どもたちに伝えたかったのですが、子どもたちに伝えると「転校する」と言いかねません。だから保護者に先に伝えたのです。でもその保護者が「編入試験は受けられますか？」と聞くのです。

「いや、待ってください。そんな選択肢はないでしょう？」と返しました。だって四日市メリノール学院中学校は私立です。授業料は公立よりも高くなります。その負担をかけるのはよくないと思って、「転校とか、そういう話をしているわけではないのです」と伝えましたが、聞いてもらえません。そんなやりとりをする時間がもったいないと言わんばかりに、「とにかく編入試験を」の一点張りです。

そうなってほしくはないとは思いながら、子どもたちが転校すると言い出しかねないことは最悪のケースとして考えていました。四日市メリノール学院中学校にも「朝明中学の子が編入したいと言ったらどうしますか？」と聞いていました。学校側は「今回は特別な事情なので、編入試験に合格したら受け入れます」ということでしたから、そのことを保護者に伝えました。保護者も「じゃあ、編入試験の日が決まったら教えてください」と、授業料の話などは一切出ませんでした。

なぜそこまでするのかを後で聞くと、こう言われました。

「これまで見てきて、子どもが愛コーチとバスケットをやれる環境こそが、私たち親にとってはすべてです。子どもが望むのであれば、それを叶えてあげたいと思っています。子どもと愛コーチの関係は、お金には代えられません」

保護者の覚悟を感じた瞬間です。

その後、子どもたちに辞めることを伝えると、みんな大号泣しました。「転校したくないし、でもこのチームが終わるのがつらいんだろうな」と思って、「朝明中学に残っていいんだからな」と言うと、ある子が号泣する理由を教えてくれました。

「編入試験に受からないかもしれない」

そんなことを考えて、号泣していたのです。結果、当時21人いた朝明中学校バスケット部の子のうち20人が四日市メリノール学院中学校に転校してきました。

エースの不調……。そのときどうするかを学ぶ

四日市メリノール学院中学校で指導を始めた1年目、つまり２０１７年の沖縄全中は出場

を逃しました。東海ブロック大会で負けたのです。敗因の一つはエースの大ブレーキでした。試合中ずっとおかしかったので、終わった後に何かあったのかと聞いたら、こう答えました。

「最初にノーマークのゴール下のシュートを落として、パニックになりました。ごめんなさい。自分のせいで……」

「いや、おまえのせいじゃない。平常心でプレーさせてあげられなかった私に問題があった。悪いことをした。こちらこそ、ごめんなさい」

子どもたちの前で謝りました。

プロであっても、調子の良し悪しは日ごとに異なるものです。むろんプロはその差を小さくしたり、ほかでカバーする能力もあります。しかし私が見ているのは中学生です。些細なことがきっかけで心のなかに波が起き、しかもその波が一気に心を覆うこともあります。その日の、その試合で調子の悪い選手が出てくれば、たとえエースであったとしても、バックアップをする選手を育てておかなければいけません。それができていなかったのです。完全に私の落ち度です。

その反省から、その後は多くの選手を積極的に起用するようになりました。

朝明中学校では積極的に起用できるほどの子どもが少なかったこともあります。全中で準優勝した平野実月や栗津雪乃たちの代は、エースが不調のときでも数少ない残りのメンバーでそれを支える力がありました。でもそういった子どもたちが集まることは稀《まれ》です。

四日市メリノール学院中学校でもそこで諦めていたら、次には進めません。そのことを痛感し、以来、いわゆるベンチスタートになる子どもたちも鍛えていきました。信頼して起用できる選手を少しでも増やしていかなければいけないと思ったのです。

エースが不調のときに、子どもたち全員の力で乗り越えられるチームをつくれるかどうか。翌２０１８年はほぼ毎試合、最低でも10人の選手を起用して、山口全中に出場しました。

四日市メリノール学院中学校として初の全中

沖縄全中を逃したタイミングで、次のキャプテンである松浦涼香が「すぐに練習をしたい」と言うので、翌日から新チームの練習を開始しました。何日か練習した後、松浦が「足が痛いので、明日から休んでいいですか?」と言ってきました。

足の親指が腫《は》れて、骨折していました。東海ブロック大会の負けた試合で、相手選手に踏まれたというのです。もちろんアクシデントです。

知っていれば、東海ブロック大会直後に練習などさせません。「何ですぐに言わないの?」と聞いたら、こう言うのです。

「東海ブロック大会で負けた直後のこの時期が、ここからの1年で一番大事な時間だと思ったからです」

松浦はそこから約2カ月半、練習から離れますが、誰が中心で出ても力を発揮できるチームができました。

エースが不調だから負けるというチームにはしたくない。いろんな子がコートに立って、常にフレッシュな状態でバスケットができるほうがいい。チームの力で、四日市メリノール学院中学校としては初めての全中となる、山口全中への出場を決めたのです。

ちょうどその年、２０１８年の春に体育館ができたのもよい後押しとなりました。部員数が増えてきて、どうやって練習しようかなと思い悩んでいたときだったので、学校が練習環境を整えてくださって、チームとしては大きな推進力になりました。

そのこけら落としは、桜花学園高校と愛知学泉大学のエキシビションゲームでした。愛知学泉大学には平野がいて——捻挫をしていてプレーはできませんでしたが——、山田愛や粟津も見に来ていました。なぜか馬瓜ステファニーと、当時、トヨタ自動車アンテロープスに所属していた三好南穂さんまで来てくれて、子どもたちの前でシューティングをしてくれたことを覚えています。

山口全中では、予選リーグを1位で通過したものの、決勝トーナメントの1回戦で新潟清心女子中学校（新潟）に敗れました。原因はファウルトラブルです。しかもサイズの大きい選手がファウルトラブルに陥ったのです。もちろん、みんなでカバーし合うチームでしたし、12人くらいの選手を起用していました。ただビッグマンの育成だけはもう一歩届かず、バックアップのビッグマンをベンチに置けていませんでした。それもまた私にとっての反省材料となりました。

大舞台で大好きなチームと対戦できる幸せ

元号が令和に変わった2019年は和歌山全中でした。三重県大会、東海ブロック大会を勝ち抜き、全中では予選リーグを1位で通過しました。

その年は、八王子市立第一中学校と京都精華学園中学校（京都）、そして四日市メリノール学院中学校が下馬評では高かったのです。ところが、八王子市立第一中学校と京都精華学園中学校が同じ予選リーグに入ってしまい、結果、後者が1位通過、前者が2位通過となりました。

ご存知かもしれませんが、全中は初日の予選リーグを終えた後に、勝ち上がったチームのコーチ、もしくはアシスタントコーチか引率責任者が集まって、決勝トーナメントの代表者会議（組み合わせ抽選）を行います。予選リーグ2位までの16チームが決勝トーナメントに進み、1回戦は各予選リーグの1位と2位が当たるように組み合わされます。

その年の組み合わせ抽選には、アシスタントコーチだった高橋成美に行ってもらいました。朝明中学校時代に1年生から活躍してくれていたあの高橋がコーチとして四日市メリノール学院中学校に入ってきてくれたのです。

抽選の結果に、高橋は「抽選会場がどよめいていました」と言いました。私たちの1回戦の相手は八王子市立第一中学校。勝てば、おそらく2回戦は京都精華学園中学校になるだろうという組み合わせです。よりによって、その年の最注目校が同じブロックに固まってしまったのです。

翌日の決勝トーナメント1回戦、結果は私たちの負けでした。第3クォーターまでは同点でしたが、最後に抜け出されました。試合後、これまでずっと仲良くしていただいた桐山博文先生から「愛さん、これからはあなたの時代だ」と言われました。かつて杉浦裕司先生に言われたのと同じ言葉をかけられて、涙を流しながらハグしたことを覚えています。

和歌山全中は八王子市立第一中学校が優勝し、後日、祝勝会を開くと連絡をいただきました。私は所用で行けなかったのですが、桐山先生はこんな話をされたそうです。

「愛さんとの試合は嫌だなあ、こんなところで当たりたくないなあと思いながら会場に行ったら、愛さんがニコニコしながら『先生〜』と言って駆け寄ってきたんです。そして『こんなところでハチイチ（八王子市立第一中学校）とやれるなんて最高』って言ったんですね。そのときに、ああ、順位は関係ないなと思いました」

その話を聞いて、改めて思いました。私も、桐山先生も、杉浦先生も、全中という大きな舞台で大好きなチームと戦えることが幸せなのです。

本当にラッキーです。駆け出しのころから、そうした考え方を持つ先生方と出会えて、バスケットだけでなく、人を育てることの大切さを学べたことは、幸運以外の何ものでもありません。

地元・三重全中は新型コロナウイルスで中止に

1回戦で負けた後、次年度の主力になる黒川心音（筑波大学／茨城）と東紅花（関西学院大学／兵庫）が「すぐに帰って、すぐに練習したい」と言ってきました。私は八王子市立第一中学校の試合を最後まで見て、応援して帰ろうと思っていたのです。それくらい八王子市立第一中学校との試合はやりきった感触があったし、全国で戦えるという手応えもありました。ところが、２人がビューッとやってきて、そう言うので、「ん、あ、そう……。練習する……。じゃ、帰ろうか」という感じで翌日の朝早くに帰りました。

じつは八王子市立第一中学校との試合では、その２人のパフォーマンスがあまりよくありませんでした。その反省もあったのでしょう。翌朝、帰るときにこう言ったのです。

「本当であれば（＝勝ち続けていれば）、今日も試合をしていますよね？　試合をしているはずだから、観戦なんて必要ありません。練習します。疲れているなんて言っていられません。オフをいただけるのであれば、3日後にしてください。決勝戦の時間帯も練習します」

そこまで考えて、行動することのできる子どもたちでした。ところが翌２０２０年、地元開催の三重全中は新型コロナウイルスの影響で中止になりました。

4月24日の私の誕生日に、インターネットのニュースで「三重全中の中止が決定！」と報じられたのです。まったくいらない誕生日プレゼントです。

四日市メリノール学院中学校は、今は寮がありますが、当時はまだ整備されていなかったため、私の自宅を改築して何人かの子どもたちを預かっていました。全中の中止が決まる前から、学校はコロナ禍の影響で休校だったり、オンライン授業になっていました。ですから、いったん子どもたちを実家に帰していました。でも黒川だけは最後まで帰りませんでした。

それでも何とか帰したときに、突然、全中中止のニュースが飛び込んできて、とても切なかったです。子どもたちはすごく頑張っていて、私自身も手応えを感じていただけに、どうしてこんなことになってしまうのだろう。いろいろなことを感じ取れる子たちで、私のバスケット観を広げてくれる黒川もいる。キャプテンの東もすごく真面目でいい子でした。どうしてこの子たちがこんな目に遭うのだろう。

そんなことを日々考えていたら、黒川のお父さんから「大丈夫ですか?」というLINEが届きました。「心音が家で心配しています。いつもであればみんながいるけれど、今は愛コーチが家で一人だから、落ち込んでいるんじゃないかと心配しています」。いや、夫もいますし、犬もいます。一人ではないのですが、そのLINEを見て涙が溢《あふ》れました。

子どもにこんな気を遣わせてはいけない。そう思って、一人ずつに手紙を書いて送りました。部員48人全員にこう書いたのです。

「全中がなくなったのはつらいけれど、あのときの自分があるから今の自分がある、そういう日々にしよう」

感謝を伝えるためにできること

三重全中に向けては、三重県の先生方が本当にしっかりと準備をされていて、そのことは十分に知っていました。しかもみなさん温かく、「稲垣愛が宙を舞う姿を想像して、準備をしっかりやってやるわ！」と言ってくださっていました。

普通に考えたら、私は中学校の教員ではない朝明中学校の外部コーチから始まって、四日市メリノール学院中学校で指導を始めた、いわばポッと出のような存在です。周囲から異質な目で見られてもおかしくありません。実際に複雑な思いを持たれている先生方は今もいらっしゃると思います。それでも多くの先生方は温かいのです。よくしていただいたうえに応援もしていただき、私としては嫌な思いをすることがありません。

そうした先生方に私が恩返しできることは何だろう。もちろん三重県勢として結果を出すこともそうですが、たとえば、クリニックを頼まれれば断らず、ちょっとしたお願いごとに「はい、わかりました！」と応えることしかありません。

練習試合を頼まれても、チームのレベルに関係なく、時間が空いていれば受けます。私たちが三重県に還元できることは、それくらいしかないのです。だって、私たちのバスケットを見て何かを感じたからこそ、そうお願いしてくるわけでしょう？　私も朝明中学校時代を含めてまったくの弱小チームだったときに、さまざまな先生方に助けていただきました。それを返すのは当然です。

子どもたちにもよく言います。

「四日市メリノール学院中学は今強くて、決勝戦まで勝ち上がれば、三重県内で一番試合数が多くなるでしょ。そこで、大会の運営を支えてくださっている先生方がいる。それを思うと、私たちがやれることは絶対にやらなければいけないよね」

もっといえば、ミニバスケットがあってこそ中学バスケットがあります。中学バスケットも、大会は各学校の先生たちが運営してくださっています。だからこそ、子どもたちにはいつも、何かやれることはないかと考えてほしいのです。それを感じてもらいたいのです。

挨拶の声が小さいときには、「その挨拶を聞いて、誰が気持ちいいわけ？　気持ちいい挨拶をするのは、そんなに難しいこと？　みなさん、あんたらのためにやってくれているんだよ」と言うこともあります。大会の運営は、先生方の「仕事」ではありません。部活動だって持たなくてもいいものです。先生方が子どもたちのためにと思ってやっていることに対して、そんな挨拶とは……。「何で、そんなふうに返せるのか、私にはわからん。感謝の気持ちが足りん」と叱ります。

そこで気づいてくれたらいいのですが、一方でそれを強制したくないところもあります。今は部員が60人もいますから、どうしても目が届かないところが出てきます。だからよくこう言います。

「私の前だけやるのは違うよね」

「もし、よくない言動があったときに、周りの子たちが注意できるような環境になったらいいよね」

カバンの置き方一つにしても、「周りの迷惑にならないよう、隅に並べて置いたほうがいいよね。乱雑に置いたら場所を取るでしょ。そんなこと一つでも、運営してくださる先生の迷惑になることを考えなきゃあかんぞ」と言っています。

救ってくれた日本経済大学

2020年は、三重全中こそ中止になりましたが、翌年1月に行われるジュニアウインターカップは何とか開催されることになりました。

三重全中が中止になった夏、みんなで近くの山に行きました。感染のリスクがあるため、何かにつけて、あれもダメ、これもダメと言われて、さすがに子どもたちがかわいそうだと思ったのです。「マイナスイオンの発生するところで発散しようぜ」とバーベキューをしました。もちろん保護者の同意と学校への連絡、安全管理を徹底したうえでのバーベキューです。

そこで子どもたちは「ジュニアウインターカップ、優勝するぞ！」と言いながら、川に飛び込みます。私も福王伶奈（早稲田大学）ら3年生と一緒に川に落とされて……。

全中の中止を含めて、夏からジュニアウインターカップが行われる1月までは、いろいろなことがありました。こんなことが起こるの？　と驚きを通り越して呆《あき》れるくらい、本当にいろいろなことがあったのです。だからこそ、最後は楽しんで終わりたい。その目標として掲げたのが、ジュニアウインターカップでの優勝でした。

最大のライバルは京都精華学園中学校です。ただ、タレントとしては明らかに京都精華学園中学校のほうが上です。堀内桜花（シャンソン化粧品シャンソンVマジック）に、八木悠香（ENEOSサンフラワーズ）、ディマロ・ジェシカ・ワリエビモ・エレ（トヨタ紡織サンシャインラビッツ）がいましたから。壁は高い。それでもしっかりやっていこうぜと、全国でも上位に入るような高校生と練習試合をさせてもらいました。桜花学園高校、浜松開誠館高校、聖カタリナ学園高校（愛媛）、そして福岡大学附属若葉高校（福岡）などです。ハーフゲーム（通常の試合の前半分だけ）でしたが、勝つこともあって、子どもたちも手応えを感じていました。

しかし、京都精華学園中学校にはジェシカがいます。近年は中学バスケット界でも留学生が入ってきていますから、その高さ対策をしなければなりません。当初は九州の留学生がいる高校に練習試合をお願いしていたのですが、現地に到着してから「都合が悪くなって、できなくなった」と連絡を受けたのです。困ったなと思っていたところ、福岡県にある日本経済大学が引き受けてくださいました。中学生のチームを、日本経済大学の案浦知仁コーチが受け入れてくださったのです。そのときのご恩は絶対に忘れません。

ゲームで日本経済大学に勝つことはできませんでしたが、一定の手応えと修正すべき課題が見えて、実りある遠征になりました。今思い返しても、あのとき案浦コーチが受け入れてくださったことを、とてもありがたく思っています。

エースガードの骨折を乗り越えて

よし、残り3カ月、課題を克服していこうと思っていた矢先、10月半ばだったと思います。近くの中学校で新人戦が行われていて、私は下級生とそれに出ていました。黒川や東、福王ら3年生は学校で自主練習です。新人戦から帰ってきて、「さあ、下級生も交えて練習しよう」。その練習もすごく、怖いくらいのキレがあってよかったし、「よし、次でラストにしよう」と声をかけました。今思えば、何でそのときに「次でラスト」ではなく、「よし、終わり」と言えなかったのだろう……。そのラストプレーで、黒川がジョーンズ骨折（第5中足疲労骨折）をしたのです。

翌日も私は下級生の新人戦があったので、東のお母さんが病院に連れていってくれました。「骨折です。ジュニアウインターにも間に合いません」。マジか……と思っていたら、東のお母さんが「でもあの子（黒川）、泣かないんです。泣かずに医師の話を淡々と聞いていて……」と、その姿を心配していたので、「わかりました。帰ったら、私が話を聞きます」。

前述のとおり、黒川は当時、私の自宅に下宿していたので、そこに帰ってきます。帰ってきて、私の顔を見た途端、大号泣しました。本当に瞬間的に泣き出したのです。我慢していたのでしょう。「ケガをしてごめんなさい。でも絶対にジュニアウインターカップに出たい。諦めたくない」。まるで赤ちゃんが泣いているかのように泣きじゃくります。

私も「わかった、すぐにオペをしよう。諦めずに、できる限りのことを最後までしよう」と伝えて、病院にもお願いしました。医師からも「すぐにオペが必要です」と言われていましたが、すぐにといってもほかの患者さんもいます。手術スケジュールも組まれていましたが、運よくキャンセルが出て、10月末に手術をすることになりました。

コロナ禍ですから、長崎に住んでいる黒川の親御さんが三重まで来ることは難しく、承諾を受けて私が手術の同意書にサインし、手術室に送り出しました。戻ってきてからも、目が覚めるまでずっと一緒にいました。目が覚めたときに不安にならないかが心配だったのです。

そこからは、骨によいとされることはすべてやりました。寮の子どもたちの食事は私がつくっているので、おかずも考えました。小松菜は必須で、ひじきや鮭、チーズなどカルシウムが豊富なものを毎食食べさせ、「時間があったら、それを食べておきなさい」と煮干しも持たせました。体育の授業では、みんなが体育館で行っているときにも黒川だけは外で日光を浴びながらできるトレーニングにしてもらいましたし、放課後は時間があれば酸素カプセルにも入りに行かせましたし、とにかくありとあらゆる骨によいことをしました。後は願掛けです。黒川が戻れるのであればと、私は４日間の断食を４セットしたら、８キロも痩せました。思わぬダイエットです。

そうしたら、奇跡的に骨がくっついたのです。本当に奇跡だと思います。医師からのゴーサインが出たのは12月28日。大会は１月４日からでしたから、ちょうど１週間前です。

それまでは、リハビリはするものの実践的な練習はまったくしていません。ぶっつけ本番のジュニアアウインターカップの序盤では、２、３分しか使いませんでした。準決勝は、黒川自身がもう少し長めに出たいというので、長めに使いました。そうしたら「痛い！」。２年生の深津唯生（桜花学園高校）が黒川の足を踏んでしまったのです。試合には勝ったのですが、試合後に今度は深津が号泣です。

深津も黒川と同じく私の自宅に下宿していましたから、黒川が復帰に向けてトレーニングをしていたことや、私が骨によいものを毎食つくり、断食までしたことを知っています。だから余計に責任を感じてしまったのでしょう。

黒川には、「おまえが泣くな！」と怒られていました。私がテーピングを巻いて、患部に手を当てて、「痛いの、痛いの、飛んでいけ～」の世界です。痛みは多少出ていましたが、大会後の診断で骨に異常はありませんでした。

決勝戦の相手は思っていたとおり、京都精華学園中学校です。中学生活最後の試合ですから、スタートコール——スターティングメンバー発表のアナウンス——だけは受けさせてあげたい。黒川にも「スタメンで行こう。ダメだったら、すぐに代えるから」と伝えて、スタメンで起用しました。

結果は黒川のパスを受けた東が26得点を挙げるなど大活躍し、優勝です。黒川も9アシスト。しかも、オーバータイム（延長戦）の末に勝ちました。ベンチメンバーをうまくやりくりしながら戦いました。これまでの疲労もあって、終盤の勝負どころでは東が足を攣《つ》ってしまいましたが、下級生たちがしっかりつないでくれました。地元開催の三重全中が中止になって悔しい思いをした子どもたちや三重県の先生方に、少しは報いることができたのかなと思っています。

小学6年生が私のバスケット観を変えた

山田や平野、粟津のように、のちにWリーグでプレーすることになる教え子もいますが、黒川ほど私のバスケット観を大きく変えた教え子はいません。足は遅いし、運動能力もけっして高くありません。ただバスケットIQだけは飛び抜けて高く、自分がこうしたら周りをこう使えるとか、こうしたら自分が生きると理解できている子でした。お父さんに鍛えられたのだと思います。

ちなみに、同じお父さんに鍛えられたお兄さんは、現在、Bリーグのアルティーリ千葉でプレーしている黒川虎徹です。ほかにも兄弟はいますが、虎徹と心音はともにバスケットIQが高いポイントガードです。

彼女を初めて見たときには、「何だ、こいつは!?」と思うほどの衝撃を受けました。そして、すぐにこの子を軸にチームをつくるのが早道だなと思ったことを覚えています。自分のバスケット観を持っている中学1年生なんてほとんどいません。朝明中学校時代に初めて全中に出場したときの1年生、高橋がそれに近いものを持っていましたが、黒川は別格でした。

長崎の子ですが、四日市メリノール学院中学校に入りたいと体験に来て、入試にも合格します。たまたま3月下旬に私たちが九州遠征に行く予定があったため、そこに来ませんかと誘いました。当時はまだジュニアオールスターが行われていたので、福岡県選抜チームと練習試合をすることになっていたのです。

その試合で当時小学6年生の黒川を少しだけ起用しました。すると、いきなりパスがビュン！　四日市メリノール学院中学校の子は誰も反応できません。それどころか「どこに投げているの？」という感じで見ています。傍から見れば、ターンオーバーです。

でも私の目から見たら、そのパスはけっしてターンオーバーではありません。空いているスペースへの、しかも得点につながりそうな効果的なパスです。春から3年生になる子どもたちにも「ええか、今のはターンオーバーじゃないぞ。あのパスを取ってあげないといかんぞ。ナイスパスだぞ」と言いました。

それを聞いていた黒川は「えっ、投げていいんですか?」といった表情でこちらを見てきます。「どんどん投げろ。コートの外に出ても気にしなくていいから、どんどん投げなさい」。そう言って、入学して卒業するまでずっと投げさせました。

子どもの順応性の早さでしょうか。もしくはそれこそが成長なのか。周りの子どもたちも徐々に黒川のパスが取れるようになります。最初から「受けられない」と諦めるのではなく、高いパス能力を持つ選手のパスを受けようと努力を重ねていると、私の想像を超えるようなプレーが、それこそ子どもたち主体でできあがっていくのです。

私のなかにも、やりたいバスケットはあります。でも指導者の想像を超えるような選手、特にポイントガードはなかなかいないものです。強いチームをつくろうと思えば、まずはポイントガードとセンターが必要になります。しかし、指導者の要求を満たすポイントガードはなかなかいません。だからセンターを徹底的に鍛えるのです。スポンジのように吸収する粟津のような子もなかなかいませんが……。

そう思っていたところに黒川が現れたのです。彼女のバスケット観に触れて、こんなにもおもしろいバスケットがあるのか、これをみんなでやったらおもしろいだろうなと思って、自分のバスケット観を横に置きました。黒川のそれに3年間、乗っかろうと思ったのです。

黒川の感覚でチームをつくったら、周りの子たちの感覚も育っていくのではないか。一人の子どもの力で、周りの子どもたちが育つ。実際、入学前から中学生の練習に入れたら、周りの子たちがめきめきとうまくなっていきました。たとえば、ディフェンスが気づいていないようなオフェンス側のチャンスを黒川は見つけられます。その黒川が見つけたチャンスに気づける子が出てくれれば、その子の感覚も広がっていきます。黒川は周りの子をうまくさせられる子だったのです。

一方で、黒川がいい加減なパスミスをしたらめちゃくちゃ叱りました。誰よりも叱ったと思います。それはターンオーバーを許している部分が大きいからです。だからこそ、自分のプレーには責任を持たなければいけない。そこはしっかり伝えました。

黒川に「ああしたらいい、ここを狙ってみよう」といった話は一切しません。むしろ彼女とはあまり個人プレーの話はしませんでした。私の感覚を伝えることで、彼女の感覚が小さくまとまってはいけないと思ったからです。そもそも通じるところがあったというか、彼女のプレーには常に意図があるとわかっていましたから。

私自身がポイントガードだったからそう思うのかもしれませんが、やはりポイントガードはチームの可能性を広げられる選手であってほしいと思うのです。

だからといって黒川がこれからもスーパースターであり続けるかといえば、正直なところわかりません。今、彼女は筑波大学に通っていますが、卒業後にWリーグに行けるかどうかもわかりません。それこそ身体能力や運動能力も求められる世界ですから、彼女がその舞台に立てるかどうかは、本人次第です。

ただ、身体能力が乏しいなかでこれほどまでのバスケットができる黒川は、本当におもしろいポイントガードだったと今でも思っています。彼女は、２０２２年に行われたU16アジア選手権で大会のアシスト王になりました。アジアでも活躍してくれたことで、私の考えるバスケット観が間違っていなかったと証明されたように感じます。

子どもたちのなかで育まれる努力

その年には、もう一つ大きなトピックスがあります。２０２０年1月にバスケットをやる場を失った福王が転校してきたことです。当時すでに１９２センチありましたから、バスケットというスポーツの視点からだけ見れば大きな戦力です。

ただ、誤解を恐れずに書けば、彼女が転校してくることに、当初はあまり乗り気ではありませんでした。勝てば福王が来たから勝ったと言われるし、負ければ福王が来たのに負けたと言われる。周囲から「稲垣は日本一になるために福王を引き抜いた」と言われかねません。いや、私が何かを言われる分にはまだいいのです。でもそんなことを言われたら、福王自身がそれまで努力してきたことさえ無駄になるのではないか。そう思って、憂慮していたのです。

師と仰ぐ、愛知学泉大学の木村功先生に相談したら、このように返されました。

「おまえとバスケットをしたいという１６０センチのガードが、バスケットをやる場がないと言ったら、おまえはどうする？　バスケットができないのはかわいそうだな、になるだろ？　福王は１９０センチあるから、おまえとバスケットをやりたいと言っても、そんな理由ででできなくなるのか？」

　そして、こう続けたのです。

「そんな器の小さい人間でいいのか？　福王のような子を受け入れて、育てる義務がおまえにはあるんじゃないのか？」

　それを聞いて、自分はなんて小さい人間だったのだろうと思い、受け入れることを決めました。そして子どもたちにも、保護者にも言いました。

「福王は頭のいい子だし、編入試験を受ければ間違いなく受かる。そうして入ってきたら、おそらく周囲からはメリノールは『福王が来たから』とか『福王が来たのに』みたいなことを言われるかもしれない。でも、バスケットをやる場所がない子が、おまえたち（四日市メリノール学院中学校の子どもたち）と一緒にやりたいと言っているのだから、みんなで受け入れて、一緒に頑張っていこう」

　そうしたら、センター陣が泣き出したのです。自分たちの出番がなくなると思ったのでしょう。そのときに黒川が言ったそうです。

「あんたらは今まで、ただ身長が大きいって理由でユニフォームを着られていたし、試合にも使ってもらっていた。その間、ガード陣は熾烈《しれつ》な争いをしとったんよ。泣く暇があったら、もっと練習したほうがいい。192センチの福王が来るってことは、毎日留学生対策ができるってことでしょ。何でそういう考えに持っていけないの？」

言ったそうというのは、私がいる前ではなく、選手たちだけで集まったときに言ったからです。そのときは黒川がゲームキャプテンで、東がチームキャプテンだったので、東に「みんな、大丈夫そう？」と私が聞いたら、「シン（黒川のコートネーム）がそう言っていました。そこで話が終わりました」と教えてくれたのです。

その年は黒川がいて、東がいて、インサイドに福王と、下級生の深津がいました。その4人を軸に、どこからでも得点が取れて、どこからでも守れるバスケットをつくり上げたのです。そのうえで、状況に応じて、また試合での調子の良し悪しを見極めながら、「よし、今はおまえが行け〜！」などと言って、5人目を入れ代えながら戦っていました。

楽しそうなプレーの裏側にある大きな成長

2021年は群馬全中で優勝します。全中初優勝です。翌年1月のジュニアウインターカップでも優勝し、大会連覇を達成しました。

この年は代えの選手がたくさんいました。誰が出てもゲームの波が大きく変わらないし、その分、子どもたちのプレータイムもさほど変わりませんでした。その多くは160センチに満たない選手で、突出していたのは最上級生になった深津くらいです。

深津ほど勝つことへの執着心が強い子はいません。気合と根性の子でしたが、勝負の世界では、結局のところ、それが一番大事だと思うのです。その年のジュニアウインターカップの決勝戦では、再び京都精華学園中学校と対戦して、77－51で勝ちました。その試合でも深津は30得点を挙げています。ドライブ、ジャンプシュート、3ポイントシュートに加え、留学生を相手にリムラン（速攻で相手ゴールに向かってまっすぐ走っていくこと）からのシール（相手にぴったりとくっついて、自分に有利なポジションを取ること）でも得点を取っていました。

前年の黒川、東、福王が卒業した後、深津を何でもできる選手に育てようと思って、いろいろなプレーを身につけさせました。アウトサイドからのプレーも練習させたし、「おまえが最後に乗り越えなければいけないのは留学生だぞ」と、ポンプフェイクからのシュートバリエーションを増やし、スクリーンの後に3ポイントラインの外に飛び出て3ポイントシュートを打つ練習もしました。

あのときのジュニアウインターカップは、深津の表情がすべてを物語っていました。ニコニコしながらプレーをしていて、こんなにも楽しそうにバスケットができるのかと、私自身も改めてバスケットの楽しさを教えてもらったように思います。「私自身も」というのは、娘の結乃も、あのころよく言っていたのです。「あいつ（深津）がかわいくて、何度も映像を見返す。あいつのダメなところもたくさん知っているけど、ニコニコしながらバスケットをしているのがかわいくて」と。

でもそれは周りの子たちが深津のことをうまくコントロールしてくれたからでもあります。ジュニアウインターカップの決勝戦が終わった後、コート上でのインタビューを受けたとき、深津はスポンサーボードの裏側にいるチームメイトに向かって、「みんな、大好き！」と叫んでいます。それくらい、みんなが深津のことを応援していたのです。

私も深津には「みんなに応援してもらえるような選手になりなさい」と言い続けてきました。練習でうまくいかないようなときには、その悔しさを前面に押し出す子だったのですが、すごく成長しました。

もちろん深津だけでなく、周りの子どもたちも同じか、それ以上に成長してくれました。それが一番の勝因です。いや、勝ったことよりも、全員が最後までやり抜いて、成長してくれたことが私にはうれしかったです。それこそが中学バスケットを指導するうえでの醍醐味だと思っています。周りの子たちの成長がなければ、深津の成長もありませんでした。

それぞれの個性を存分に生かして

深津が卒業した後の、つまり太田妃優や鈴木瑚香南（いずれも福岡大学附属若葉高校）、濱田ななの（桜花学園高校）がいた代はオフェンス力のないチームでした。一方で、ディフェンス力は異常なほどに高いチームでした。私が指導したなかで最もディフェンス力の高い

著者のバスケット観を大きく変えた黒川心音
（写真左中央は小学6年生当時の黒川／右は
住み慣れた寮を離れる日の朝、前列中央）

2020年1月に福王伶奈が転校、こ
の年の大きなトピックだった。彼女
の加入は著者自身、そして選手たち
にとっても大きな刺激になった

勝つことへの執着心は誰にも負けない深
津唯生。2022年1月のジュニアウイン
ターカップで見せた深津の笑顔は、彼女
自身の成長を感じさせるものだった

チームだったと思います。

かつてバスケットボール女子日本代表で「忍者ディフェンス」と呼ばれる守備戦術があったと何かで読んだことがあります。1976年のモントリオールオリンピックのころの話です。

私も2022年のチームで〝忍者〟をつくろうと考えました。実際に濱田と前川桃花（浜松開誠館高校）はよく「忍者だ」と言われていました。ここで顔を出していたのに、次の瞬間にはもう別の場所で顔を出してくる。ここも守って、あそこも守って……と、相手チームが閉口するようなディフェンスをするチームをつくろうと思ったのです。そのためにはディフェンスのローテーションを素早く、正確に、力強く行わなければなりません。突出した選手はいませんから、とにかく選手をたくさん起用しました。

全中の開催地は北海道でした。予選リーグは、京都精華学園中学校と北九州市立菊陵中学校（福岡）が一緒です。

菊陵中学校とは前年の群馬全中の準決勝でも対戦しています。そのときは73－39で勝ったのですが、菊陵中学校の木村透コーチはとにかくタフなチームをつくる方です。スコア以上にしんどいゲームでした。そんなチームですから、2022年の北海道全中は予選リーグから苦しむだろうなと思っていました。

それでも京都精華学園中学校、菊陵中学校をいずれも47点に抑えて1位通過すると、その後も決勝戦の樟蔭中学校（大阪）以外は失点を50点以下に抑え、全中連覇を達成しました。ジュニアウインターカップは、準決勝で大阪薫英女学院中学校（大阪）に負けて3位でした。

翌2023年の全中は香川県で行われ、準決勝で三股町立三股中学校（宮崎）に負けました。勝てるチャンスはあったと思うのですが、それでも負けた原因は、当然、私にあります。それについては、今も私自身が考えなければいけないと思っています。子どもたちはよく戦ってくれました。予選リーグからタフなゲームがずっと続いていて、よく準決勝まで勝ち上がってくれたと思っています。

年が明けた2024年1月のジュニアウインターカップは、準決勝で京都精華学園中学校に負けました。第3クォーターの得点はわずか3点。敗因はそこだけだったと思います。1年かけて練習してきた京都精華学園中学校の高さ対策はうまくいっていました。だからこそ、なぜ第3クォーターで得点が伸びなかったのだろう？　タイムアウトを取ったのに、どうして流れを断ち切れなかったのだろう？　このときも子どもたちは本当によく戦ってくれたからこそ、もう少し戦わせてあげることができたのではないかと思うのです。いまだに心残りで、子どもたちにはかわいそうなことをしたなと思っています。

この年は特にキャプテンの中嶋とわがよく成長してくれました。福岡から来た子で、当初は体も小さく、3年間のうちに起用するのは難しいかなと思っていたのですが、3年間で逞《たくま》しくなりました。それもベスト4まで勝ち進めた要因の一つです。もともとアイデアや発想力、プレーに切れ味がある子でしたから、キャプテンシーも含めて成長してくれたことが大きな力になりました。彼女は今、四日市メリノール学院高校でプレーしています。

好事魔多しを知った新潟全中2024

2024年の全中は、私がコーチとして初めて出た2008年の全中と同じ新潟県開催でした。当時は新潟市が中心で、今回は長岡市がメイン会場です。

その数週間前、2022年から中学校とともに指揮を執ることになった四日市メリノール学院高校女子バスケットボール部が、福岡県で開催されたインターハイでベスト8という結果を残しました。〝お姉さん〟たちが、目標にしていた「全国ベスト8」を実現させていたのです。

そのインターハイが行われた福岡県に〝妹〟たち、つまり中学生も連れていきました。インターハイの直後には東海ブロック大会もあるし、そこで勝てば全中ですから、そのための練習をしなければいけません。インターハイに出るようなチームと練習試合をさせてもらえる算段をつけていました。

そのときの中学生はすごく出来がよく、手応えもありました。子どもたちのモチベーションも上がっていて、実際に東海ブロック大会でも完勝でした。

やれることはやった。後は留学生対策だということで拓殖大学（東京）にもお邪魔しました。拓殖大学のBチームを相手にいい試合をして、全中前の調整は間違いなくうまくいっていたのです。

拓殖大学への遠征には、高校生と、国民スポーツ大会の東海ブロック大会に出る三重県の成年女子チームも連れていきました。三重県の成年女子は私が実質的な指揮を執らせていただくことになっていて、黒川や東などもメンバーに入っていました。

そのときに黒川が「今年の中学はめっちゃ強い。すごい。完成してきましたね」と言うくらい準備ができていました。ケガ人もいないし、「よし、全中だ」と意気揚々と長岡市に向かいます。

ただ、私のなかには一つだけ心配事がありました。２０２４年の主力メンバーは、2年生ガードの安井穂香を除いては、前年にほとんど起用していない子どもたちだったのです。

ここでいう「起用」とは、勝負どころでの話です。同じく2年生の髙橋実来は前年も1年生ながらスタメンで起用していました。しかしそれは将来を見据えた起用です。その時点ではまだ力不足でしたが、ポテンシャルを含めて、将来、四日市メリノール学院中学校を引っ張っていってくれる選手になるだろう。だから経験を積ませておこうと考えて、スタメンとして起用していたのです。大事な場面で使えるほどではありませんでした。

そう考えると、２０２４年の主力で前年の全中を、勝負どころを含めて経験しているのは安井だけになります。そのキャリアのなさに一抹の不安を感じていました。どれだけ調整のためのゲームでうまくいったとしても、公式戦のヒリヒリしたゲームのなかでそれを発揮できるのか。その心配は確かにあったのです。

しかも、キャプテンの中城向日葵は7月に疲労骨折をしていました。全中には間に合いましたが、それもまた心配の種です。

その心配が的中しました。予選リーグの初戦、天草市立本渡中学校（熊本）との試合で、緊張しすぎた子どもたちの顔が真っ青になっているのです。これはまずいなと思っていたら、復帰戦となる中城が「思うようなプレーができない」と泣き始めます。

「いや、復帰したばかりで自分の体が思うように動かないのは仕方がない。そんなことは気にしなくていい。ミスをするのは仕方ないけど、とにかく中途半端なことだけはしないようにしなさい」

そう言っても、気持ちを立て直せません。

結果的には、その試合にも、次の加賀市立錦城中学校（石川）にも勝って予選リーグを1位で通過します。しかし、私の心のなかにはまだまだ「まずいな」という気持ちが渦巻いていました。ミーティングをしても、子どもたちの表情が変わる様子は見えません。

大会中のミーティングは基本的に翌日のアジャストです。全中の2日目から始まる決勝トーナメントはダブルヘッダーで、1回戦の相手は札幌市立東月寒中学校（北海道）です。勝てば、おそらく京都精華学園中学校という組み合わせでした。

京都精華学園中学校については、1年中、彼女たちを一つの目標として練習してきていたため、プレーの確認だけで済みます。2日目のポイントは1回戦の東月寒中学校だと考えて、初日の試合を終えた後、近くの高校の体育館を借りて、対策練習をしました。東月寒中学校のこの動きに対してはこう守ろう。こうやってきたら、こうしよう。これは中学、高校ともにやっている、大会期間中のチームルーティンのようなものです。

しかし、そのときもまだ子どもたちの表情は真っ青で、気持ちが切り替わっていません。さらにまずいなと思いました。

じつをいえば、私自身も決勝トーナメントの1回戦で最も当たりたくないチームが東月寒中学校でした。それでも目標である全国優勝を果たしたいならば、どこと当たっても乗り越えなければいけません。私の考えは子どもたちには関係のないことです。だから、「みんなでやりきろう」。そう言って、東月寒中学校戦に臨みました。

子どもたちの心の揺れを感じられなかった

大会2日目、東月寒中学校との試合前に、突然、3年生が泣き出しました。これまでに経験のないことです。なぜ子どもたちが泣いているのかさえ、わかりません。理由を聞き出そうとすると、もっと泣き出す可能性もあります。あえて見て見ぬふりをして、「さあ、行くよ。ゲームに集中しよう」としか言いませんでした。

すると案の定、立ち上がりがよくない。まずいなと思っていたら、立て続けにファウルの笛が鳴って、子どもたちはパニックに陥っていきます。

何とか踏ん張ってこいと思いながら、アシスタントコーチと話したり、子どもたちにいろいろなことを伝えていったら、何とか追いつき、オーバータイム（延長戦）になりました。オーバータイムでも先行され、追いつくのですが、抜け出そうと指示したセットプレーで、子どもたちがまるで違うプレーをしてしまいます。積み重なったパニックを拭い去れていなかったのでしょう。何でやらないのだろうと思いましたが、試合中ですし、余計にパニックにさせてもいけません。「きちんとやることをしたら大丈夫だから、落ち着きなさい」。ベンチからそう声をかけるのが精いっぱいです。

2点リードされた終盤、タイムアウトを取って、先ほど失敗したセットプレーを指示しました。

「もう一回、あのプレーで行くぞ。もう一回、あれをやれるチャンスが来た。大丈夫か？このポジションは誰や？　ＯＫ。ここの動きはわかるな？　わからなければ手を挙げろ」

「大丈夫です」

よし行こう、と送り出したら、今度は成功。同点で、残り5秒です。

東月寒中学校のタイムアウト。ベンチに座った子どもたちに言いました。

「よくやった。残り5秒、まずはボールを持たれないように守ろう。持たれたら、ドライブに注意して、シュートファウルをしないように守るぞ（シュートファウルをしたら、フリースローになるからです）。どうしても抜かれそうだったら、ファウルになってもいいから、シュートを打たれる前に早めに止めよう。時間的にも間に合うからな」

その最後の指示が子どもたちには入っていきませんでした。すでに頭が真っ白だったのでしょう。東月寒中学校の子にジャンプシュートを決められて、53－55。試合終了です。

試合が終わった後で考えました。何がよくなかったのか。いや、それ以前に、なぜ子どもたちは試合前に泣いてしまったのか。そう考えたとき、前年にあまり起用していない子たちだったということに改めて気づいたのです。試合後のミーティングでも聞きました。

「素朴な疑問として、何で試合前に泣いていたのか、聞きたい。そこがわからないと、私たちは次に進めない」

答えはこうでした。

「緊張と、次が京都精華学園中学だから、東月寒中学には絶対に負けたらダメなんだ、絶対に勝たなきゃダメだという思いが強かったんです」

東月寒中学校に勝たなければ、自分たちが1年かけて対策してきた京都精華学園中学校と対戦できない。彼女たちと対戦するために1年間頑張ってきたのに、それができなくなるかもしれない。そう思うと、怖くなって、泣き出してしまったというのです。

それを聞いて、素直に謝りました。

全国優勝を目指すチームに来た子どもたちに、そこまでのメンタリティを持たせてあげられなかったことを申し訳なく思いました。

「そうか、それは私が悪かった。この負けはおまえたちの責任じゃなくて、そこまでのメンタルコントロールをしてあげられなかった私の責任だ。次はそういうことがないように、これからまたやっていこう」

子どもたちは大号泣しました。実際は技術やメンタルだけではない部分も大きいと思うのです。前年に経験を積ませてあげられなかったことが、２０２４年の新潟全中での、私の一番の反省です。

「中3の夏」は一回しか来ない

もちろん、学生スポーツであれば、経験を積めないことは仕方のない面もあります。力のある上級生がいれば、下級生が経験を積めないこともありえます。結果的に、経験を積めないまま最上級生になることだってあります。

２０２３年に中学3年生だった子どもたちもまた、その前年（２０２２年）にはほとんど試合に出ていませんでした。出ていたのは2人だけで、ポイントガードとフォワードの２人は、キャリアを積めていませんでした。それでも、全中とジュニアウインターカップでベスト4に入っています。

ただ、私がそこで大きく反省するのは、だから彼女たちと同じように、２０２４年の子どもたちも、毎日これまでどおりの練習を、緊張感のある雰囲気のなかでしていれば大丈夫だろう。子どもたちが目標にしている全国優勝にも近づけるだろうと思っていたことです。

しかも事前の調整がことのほかうまくいっていたから、なおさらです。一抹の不安はありながらも、大会が始まれば、前年の子どもたちのように自分たちの力を発揮してくれるだろう。ほかならぬ私がどこかでそう高を括《くく》っていたのです。

その認識が間違っていました。

先述のとおり、前年の３年生は中嶋がキャプテンでした。ポイントガードも兼ねる彼女の強いメンタリティがあったからこそ、個々がキャリアを積めていなくても、チームとして上向きになれていたのです。それに気づいていなかった私の失態であり、大きく反省すべきことです。２０２４年の夏、私はそのことを痛感させられました。

中学生を指導し始めて19年。今も失敗をします。そんな失敗は、本当はやってはいけないことです。以前、恩師である山川正治先生に「中３の夏は一回だけ」と言われたことがあります。

「おまえにとったら毎年来る夏だけど、中３の子たちにとって、中３の夏は一回しか来ない。だからおまえが中途半端なことをやったらダメだぞ」

負けたときは「滝に打たれろ」とよく言われるのですが、その言葉を改めて心に留めなければいけない敗北でした。

ほんの1週間前までは調子がよかったのに、その数日後には、ストンと調子を落とす。数日どころか数時間後に変わることもあります。それが中学生です。

まずいなと思いながら、立て直すことができませんでした。これを書いている今でも、どうしたらよかったのだろうかと考えています。

あのとき、子どもたちをおだてるのもおかしな話だし、ましてや叱るのもおかしい。どうすればあの子たちが本来の力を出せたのだろうか。それは私のなかでの大きな課題であり、子どもたちには申し訳なく思っています。

2025年1月に行われたジュニアウインターカップは3位でした。準決勝でHOOPS4HOPEに54－58で負けました。その試合もまた、やりきらせてあげることができませんでした。

でも3位決定戦があります。準決勝が終わった後、3年生だけを呼んで言いました。

「夏の全中はやりきれずに終わって、みんな、苦しかったよな。だからジュニアウインターカップはいい顔をして終わろうと言っていたけど、今日もまたダメだった。でもまだ変われるチャンスはあるよ。もう1試合できる。本当に次がラストゲームだよ。私もおまえたちとの最後のゲームだし、おまえらも四日市メリノール学院中学でやる最後のゲームだよ。まだ変われるし、まだうまくなれる。まだ楽しめるよ。もう一回、最後に踏ん張って頑張ろう」

「中3の子たちにとって、中3の夏は一回しか来ない。
だからおまえが中途半端なことをやったらダメ」。
恩師・山川正治先生の言葉は常に胸にある

そうしたら北九州市立菊陵中学校との3位決定戦はナイスゲームになりました。やりきってくれた。試合も59－48で勝利。試合後、子どもたちは泣いていたけれども、やりきったうえでの涙だったから、私はよかったと思っています。最後にうまくなれるチャンスを、子どもたちが、とりわけ3年生がきちんとモノにしてくれたことを本当にうれしく思っています。

第３章

中学バスケットのコーチとして

教えるというよりも、私は「伝える」指導を心掛けています。朝明高校の講師をしていたとき、生徒は元気すぎる子どもたちばかりでした。そのときに「どうしたら、この子たちに伝わるのだろう？」「どうしたら、この子たちに響くのだろう？」と試行錯誤しながら取り組んでいたことが、バスケットのコーチングでも生きているように思います。子どもたちに「伝える」ことは、教員をやっているからこそ得られたやり方だと思います。

コーチは子どもたちの〝辞書〟

2024年度の四日市メリノール学院中学校女子バスケット部には60人の部員がいます。中学校の部活動としては多いほうだと思います。強豪校であれば、あるいは人数を絞るためにセレクションをするという方法もあります。人数を絞ったほうが練習も効率的に行えるからです。

しかし私は、覚悟を持ってきてくれるのであれば、うまい下手は関係なく受け入れるようにしています。なぜなら、中学生には大きな可能性があるからです。しかも、どこでどう伸びるかわかりません。入学前の時点で、「あなたは下手だから受け入れられません」と切り捨ててしまうのは、その可能性を潰すことでもあります。

実際、ミニバスケットのコーチから「おまえはメリノールに行っても無理だよ」と言われて、それでも覚悟を持って来た子がいます。その子は3年生になって試合に出るようになりました。

私たちコーチの仕事は、どのカテゴリーであれ——小学生でもプロでも——、子どもたち、もしくは選手たちの可能性を広げることです。可能性がないからダメだと切り捨てることは、その仕事に矛盾します。

中学生を指導するうえで私が常に考えていることは、子どもたちの可能性を広げてあげたいということです。むしろ、それだけだと言ってもいいでしょう。

「おまえはこんなこともできる。なかでもこれが一番の強みだぞ。それを突出させたいのなら、ここをもう少し伸ばしてみようぜ」

そんな言い方をしています。何とか可能性を広げてあげたい。強みはもっと強くしてあげたい。そう考えているのです。

たとえば身長が高くて、リバウンドが強みでありながら、リバウンドを取った後にいつもポイントガードを探している子どもがいるとします。そういう子には、「これだけリバウンドを取れるなら、そこでドリブルプッシュできたら、すごくない？」と言うのです。すると、その子は自主練習でドリブルプッシュの練習をするようになります。

リバウンド後のパスが弱ければ、「リバウンドは次のプレーにつながるんだよ。せっかく頑張って取ったリバウンドじゃん。足を踏み出して、強いパスを投げられたら、もっとよくない？」。そう言えば、勝手にリバウンドからピボット、強いパスの練習を始めます。

つまり、自分から練習したくなるように導くのです。そうすれば、「次はどういう練習をすればいいんだろう？」と考えるようになります。そのときが、また私の出番です。「愛コーチ、これを練習したいんですけど、どういう練習がありますか？」。そう聞かれたときに「こういう練習があるよ」と教えてあげるわけです。それが中学生を指導する私たちの役割だと思います。私たちコーチは子どもたちの〝辞書〟なのです。

詳細は第6章に譲りますが、私はかつて朝明高校で講師をしていました。朝明高校には元気があり余った子どもたちがたくさんいて、まだまだ成熟できていないことも多かったです。大人と話すときに目を見て話せない子もいました。そこで「なぜ目を見て話せないんだ！」と叱ったところで、その子がそれを教わったことがなければ、わかりようがありません。目を見て話すことは、親や教員など、大人がしっかりと教えるべき社会的なマナーです。

バスケットも同じだと思っています。リバウンドを取って、ボールをスイープして、足を踏み出してアウトレットパスを出す。それらを教えられていないのに「何でできないんだ!?」と大きな声で言われても、子どもたちは困ります。勝手に「できるだろう」と思っている指導者がいるかもしれませんが、教わっていないことは絶対にできません。これまでの指導経験から、私はそう思っています。

まずは教える。子どもたちの視点に立てば、教わる。教わったことを実際にやってみる。そうすると、すぐにはうまくできなくても、コーチは「こういう練習をしたでしょ？　リバウンドを取ったら、ボールはどうするんだっけ？」と聞けるし、周りが「スイープだよ」と耳打ちしたりして、「スイープです」と答えると、「そうだな、じゃあ、やってこい」と言えるのです。

四日市メリノール学院中学校では、自分の課題に取り組む時間を与えています。10分くらいでしょうか。そのときに自分の課題がわかっている子は、自分が注意されたことにつながる練習をしています。課題がわかっていない子は、何となくシュートを打っているだけなので、「課題練習だって言ったでしょ！」と指摘します。

誰かの課題をみんなで振り返る練習もあります。何人かが足を踏み出してからの強いパスができていないならば、全員でピボットの練習に戻ります。

とかく大人は――バスケット経験のある大人はもちろん、プレーの経験はなくてもコーチの言葉を何度も聞いている親も――、コーチの言っていることをやればいいだけじゃないかと簡単に思いがちです。でも実際はそれをやらない子どもがいます。いや、やれない、といったほうが正確かもしれません。一概に子どもといっても、ミニバスケットでの経験も違えば、理解力にはまだまだ差があります。そのときに周りの子が「自分の課題をやっていないよ」と言えるといいなと思うのです。それがチームです。

だから、やれていない子どもにそのことを指摘するとき、自分はやれているのに、やれていない友だちにそれを言えない子どもにも私はこう指摘します。「おまえたちが、できていないことを言ってあげることはできないの？」。たいていの子は「できます」と答えます。「じゃあ、言ってあげなよ。言えないってことは、おまえたち自身もわかっていないってことだよ」。わかっていなければ、教えられないわけですから。

四日市メリノール学院中学校では「気づく」ことを重視しています。それもよく私が子どもたちに指摘していることです。でも気づくだけではダメです。自分はこう思っていると自己主張することも、ときには必要になります。いわゆる「指示待ち人間」ではバスケットはできません。

「仲間が困っていることに気づいたら、ときには言ってあげなきゃダメだよ。困っているけど、言葉に出せない子もいるのだから」

振り返りの課題練習をみんなで行うときは、最初に子どもたちだけで確認する時間を与えています。たいていは間違ったことを教えているので、「いや、こうで、こうで、こうでしょ」と私たちコーチが再度教えなければいけません。それでも、やれない子どもはいます。それが中学生です。それでも何度か繰り返すうちに、やれるようになります。それもまた中学生なのです。

子どもたちが持つ信じる力

年によっては、「今年のメンバーだと全国優勝は厳しいのではないか」と言われることもあります。でもそれは大人が思うことであって、中学生は驚くほどに自分たちを信じていて、目標に向かって突き進みます。20年近く中学生を指導してきましたが、子どもたちの信じる力にはいつも驚かされます。

正直にいえば、私自身も「今年は難しいかな。おそらく全国優勝は無理だろうな」と思うことはあります。そんな思いを抱きながらも優勝したのが２０２２年の北海道全中です。なぜ無理だと思ったのか。それは前年にチームの大黒柱として活躍した深津唯生がいないからです。卒業したのですから、当たり前です。深津がいたときは、深津がいるから全国優勝もできると思っていました。でもその年は、深津はもちろんのこと、それに取って代わる大黒柱もいません。いわば普通の子どもたちです。

さすがに全国優勝は厳しいなと思っていたのですが、子どもたちの本気を見ていたら、私もその気になっていきました。第２章でも書きましたが、ディフェンス忍者をたくさんつくりました。彼女たちは今も高校で大活躍しています。そのうち１人は浜松開誠館高校に進学した前川桃花です。浜松開誠館高校には、前年に深津の代のキャプテン、井口姫愛が入学しているので、忍者が２人になりました。すると浜松開誠館高校の三島正敬先生も、驚くほどディフェンスのローテーションが速くて、その２人ですべてを処理していると言っていました。

東海大会のときです。全国屈指の強豪校を相手に残り数秒で1点リードしていて、相手ボールのオフェンスという場面があったそうです。相手のエースの子がボールを持った瞬間、うちの忍者がダブルチームに行きました。三島先生が指示を出していたわけではありません。相手のエースの子はまずいと思ったのでしょう。味方にパスを出したら、そのパスコースに２人目の忍者が飛び出してきて、パスカット。試合が終わったそうです。

コーチからの指示がなくても、状況に応じて、子どもたち自身で判断していく。そういうことができるようにしていたら、北海道全中で優勝できたのです。子どもたちにはいろんな可能性があるのだと、改めて教えられました。

だから子どもたちには、「自分の信じた道を自分で行くと決めたのでしょう？　だったら、覚悟を持ってやりなさい。突き進むかどうかは自分次第なのだから」とよく言っています。

中学生のときに、考える力を養うことは大切です。でも、そのためにはそれを教える必要があって、教えたことを選択するのは子どもたちです。私は、というよりもコーチは〝辞書〟です。困ったときに引いてくれればいいのです。

子どもたちに「伝える」コーチングを

近年、「教えないコーチング」といった言葉をよく耳にします。でもそれは、子どもたちに何を選択するかを「教えない」だけだと思います。選択肢になるもの、たとえばスキルやチームの基本的な考え方などは教えなければいけません。そのうえで、子どもたちが何を選択するかです。何も教えないで、先に「教えすぎないほうがいい」というのは、おかしな話だと思っています。

私は選択肢になるものをしっかり教えたうえで、「何で今、そのチョイス（選択）なの？」と聞きます。「何も考えていませんでした」は一番ダメです。でも実際に四日市メリノール学院中学校には、そう言う子どもがいます。むしろ、はっきりそう言える環境が四日市メリノール学院中学校にはあると思っています。

最初から正直に答えていたわけではありません。でも、なぜそのチョイス？　と聞いたときに、ああでこうでと言う子の表情を見ていると、それが嘘だとわかります。「(嘘をつくらいなら）考えていないと正直に言いなさい。そのほうが私もスッキリする」と言いました。以来、正直に言う子が多くなりました。ただし、正直に「考えていませんでした」と答えたら、「それはダメ。考えて選択しなさい」と私は言います。

現実はほとんどがそうです。何となくドリブルを1つ突いてしまう。「今のそのドリブルは何の意味があるの？」と聞くと、「ありません。考えていませんでした」。「その1回のドリブルがもったいなくない？　コンマ何秒、損をしているんだよ」と教えて、ドリブルは1回、パスは2回までという制限付きの3対3の練習に移行することもあります。ドリブルは1回しか突けないので、いつ、どんなときにその1回を使う？　と考えさせる練習をするわけです。

もちろん正直に、ああでこうでと自分の考えを言ってくる子もいます。私としても、ああ、そういうことだったのね、と納得します。でもそれが結果として大きなミスになっているのであれば、「なるほど。考え方はわかる。でもその判断は違うわな。こっちのサイドに3人の味方がいたんだよ。どっちのサイドにドライブすべきだった？」とか「ディフェンスのトップフット（前足）を見てた？」と伝えます。

教えるというよりも、「伝える」指導を心掛けています。

先ほども書いた朝明高校の講師をしていたとき、生徒は元気すぎる子どもたちばかりでした。そのときに「どうしたら、この子たちに伝わるのだろう？」「どうしたら、この子たちに響くのだろう？」と試行錯誤しながら取り組んでいたことが、バスケットのコーチングにも生きているように思います。

そう考えると、教えるのと伝えるのとではニュアンスが異なります。教えることはスキルコーチでもできます。でも伝わらなければ意味がありません。子どもたちがわからないままだと、教えたことも意味を持たないのです。子どもたちに「伝える」ことは、教員をやっているからこそ得られたやり方だと思います。この子に伝えるのと、あの子に伝えるのとでは、伝える手段が違うからです。

60人——高校生も合わせると90人——の部員がいる今だからこそ、どうしたらこの子たちに響いてくれるかな、この子にはどういうアプローチがいいのかなと絶えず考えています。その分、裏切られたときはつらいものです。

つい先日も問題がありました。日本一を目指しているチームであっても、四日市メリノール学院中学校の女子バスケット部が1年間何事もなく、平穏無事にバスケットにだけ集中して過ごせているかといえば、そうではありません。そこは全国の中学生とまったく同じです。

発展途上であるがゆえに、悪気のない間違いも起こしてしまいます。そんなとき、よく子どもたちに言うのです。「裏切られて、大人が傷つかないと思ったら大間違いやぞ」。子どもたちのことを懸命に考えているからこそ、些細なことであっても裏切られるのはつらいことなのです。

大人も子どもも、人はそれぞれ違います。学習の仕方も違うし、物事の受け取り方、受け入れ方も違います。違いがあることを理解したうえで、それでも子どもたちみんなの心に響いてもらいたい。そう思うからこそ、どうすればこれが伝わるのだろう、響くのだろうと考えるのです。

残念ながら、まったく響かない子もいます。四日市メリノール学院中学校では毎日、バスケノートを書かせて、提出させています。先日の問題があったときも、私は全員にそのことを共有して諭しましたが、その日のバスケノートに書いてこない子もいます。響いている子は、たとえ当事者でなくても、そのことをしっかりと書いてきます。でも響かない子は、その日の練習のことしか書いてきません。翌日の練習前に全員を集めて「いや、違うでしょ。昨日の練習で一番大事なことは、練習の内容ではなくて、チームとしてその問題にどう向き合うかでしょ」と話します。

バスケノートには、自分と向き合うためにその日の練習を終えて大事だと思ったことを書きなさいと言ってあります。もちろん練習メニューや感想なども書くのですが、「大事なことを書きなさい」と言っているのに、大事なところが抜け落ちている。大事なことに気づいていないのです。

「仲間のなかに、幸か不幸か問題を起こした子がいるんでしょ。あなたたちはそれに対して何も感じないの？　その子が悪い、じゃなくて、なぜその子がそんなふうになったかを考えないとチームはよくならないよ。悪気がないにしても、問題を起こしてしまうのは何らかの理由があるからでしょ。浮ついているのかどうかはわからないけれど、何か理由がある。それをほったらかしにしていいの？　ほったらかしにしたら、そういうチームになるよ。その子を追及しなさいと言っているのではなくて、何でその子がそんなことをしたのかを考えなきゃダメでしょ」

日本一を目標に掲げている中学校とはいえ、まだまだ発展途上の子どもたちです。そんなことを日々繰り返しています。

勘違いでもいいからポジティブに

よく「部活動を通じて、人間教育をしている」という話を聞きます。素晴らしいことですが、私自身は胸を張って「私も人間教育をしています」とは言えません。でもバスケットよりも大事なものがあることは理解しています。

将来バスケットでご飯を食べていける人はほんの一握りです。数えるくらいしかいません。

中学、高校、もっといえば大学を含めても、学生時代を終えた先の人生のほうがずっと長いのです。そのときに素敵な女性になってもらいたい。周りの人にかわいがってもらえる人になってもらいたい。私はそう思っています。

だからこそ、自分で考えて、選択していくことを、中学生のうちからやっていかないといけないのです。大人になったとき、周りの人たちからかわいがってもらえるような人にならなければ、自分も苦しむし、周りもついてきてくれません。

問題を起こした子にも言いました。「みんながおまえのことを腫れものに触るように扱っちゃうよ。それでええの？　この子は何で、こんなことをするんだろう？　と理解してもらえないよ。私だって理解できんもん。何回も同じことを言われて、何で何回もやるんだろう？って思われちゃうよ。みんながそうやって離れていって、おまえはそれでいいの？」

同時に周りの子どもたちにも言います。

「確かに、あいつはまたバカなことをした。でも、孤立させていいわけじゃないぞ。だって私たちは団体競技をやっているんだから。それでも孤立させていいと思うなら、そういう子は個人競技に移ったほうがいい。おまえたちが頑張っているバスケットは団体競技でしょ。しかもうちは部員数が多くて、みんなで頑張っていきましょうというチーム。せっかく部員数が多いんだったら、それをプラスに変えていこうよ」

子どもたちは中学３年間で大きく成長します。３年間というキラキラした時間を無駄にするのは、あまりにももったいない。だから成長しているなと感じた子にはこう伝えます。

「今、うまくなってきているのがわかってる？　おまえ、今、めっちゃうまくなっているよ。自分が成長していることを感じなさい。じゃないと、もったいないぞ。自分で成長を感じられるようになったら、もっとうまくなるぞ」

「あ、はい……」と、わかっていなさそうな子もいますが、目をキラキラさせながら「はい、わかっています！」と言う子もいます。「そうだろ、手応えを感じろよ」。

中学生くらいだと、それも女子だと特に、自信を持てない子、成長を実感できない子もいます。そういうときは子どもたちに言ってあげたらいいと思います。「今、うまくなってるぜ」と。同時に「でも、ここがまだまだだな。ここがうまくなれば、もっとよくなるのに、もったいないな」と付け加えます。すると子どもたちの意識にスイッチが入ることがあるのです。

うまくなっていた子が、集中力を欠くプレーをしたときは、「こんなにうまくなっていたのに、何でそれをしちゃうわけ？　もったいなくない？」と言います。

もったいないのは、その子が本来の力を出せばできるのに、それをやろうとしていないからです。子どもたちにはそれぞれ持っているものがあるのだから、その子自身にそんな自分を認めさせたいのです。私はこんなこともできるのだと。

勘違いといえば、勘違いかもしれません。でも勘違いでいいと思います。よく「勘違いするな！」と指導する方もいますが、勘違いしていること自体が、すでにポジティブマインドです。その子自身が「できる」と思っているわけですから。

もちろん「何をしてんの？」と、ため息が出るような子もいますし、なかには身の程を知りなさいと思う子もいます。でも、現状を打破していくために通るべき道だとしたら、勘違いでいいいと思っています。

好きこそすべての原点

私はスポーツに平等はないと思っています。身体能力や運動能力の差は、残念ながら現実にあります。ましてや発展途上の中学生です。それまでのバスケット経験の差が選手としての差になることもあります。そうすると、全員が平等に試合に出ることはできません。全員がスーパースター選手にはなれないのです。

それでもバスケットを好きな気持ちは、誰にも否定できないくらいのものを持っていないと、少なくとも四日市メリノール学院中学校・高校ではプレーできません。それははっきりしています。つまり「バスケットが好き」でいいのです。試合に出られないのは悔しいかもしれないけれど、試合に出られない子の何が悪いのでしょう?

かつて一度だけ「ユニフォームが着られないので辞めさせます」と言ってきた親がいました。子ども自身は辞めたくないのですが、親に聞くと、「スポーツの世界は結果ですから」と言います。

何をどう受け取って、結果なのでしょうか？

確かに試合に出る、出ないも、一つの結果といえるかもしれません。でもそれだけが結果でしょうか。何をもって結果とするのか教えてください、と聞きました。もちろんご家庭の話なので、結論については私がどうこうすることはできません。

そのうえで、ユニフォームを着られないことが結果だというのであれば、周りの子どもたちがその子に「辞めないで」と言いながら泣いていることも、その子の人間性が成長した一つの結果です。

「娘さんはそれだけの人間性を持って、みんなから慕われています。それも私たちのチームで娘さんが頑張ってきた結果ではありませんか？」

結局その子は辞めることなく、四日市メリノール学院高校に上がって、主力メンバーになりました。最後までよく頑張って、ニュースにも取り上げられて、大学は私の母校・愛知大学に進学します。チームにすごく協力してくれていた親も、泣いて喜んでいました。卒業式の日に「あのとき辞めなくてよかったですね」と言ったら、「すみませんでした」と笑っていましたが。

好きがすべての原点です。バスケットが好きで、仲間が好きで、通っている学校が好き。それ以外に、何をどのように受け取って結果が――とりわけ失敗が――生まれるのでしょう？試合に出る、出ない、勝つ、負ける……。そういうことを求めるのであれば、四日市メリノール学院中学校は、その子や、そのご両親にとって考え方の異なる学校だと思います。全国優勝という成果も残していますし、子どもたちが「目指す」と言うから、私も子どもたちにその目標を叶えさせてあげたいと思っています。

しかし、誤解を恐れずに書けば、私自身は「全国優勝」なんて、どうでもいいのです。ただ子どもたちが決めた目標だから、それに向かう姿勢は中途半端なものであってはいけません。だから「覚悟を持ってやりなさい」と言うのです。

目標設定の核にあるべきは、私ではなく、あくまでも子どもたちです。

「バスケットがうまいから四日市メリノール学院中学でやる」のではなく、「バスケットが好きで、一生懸命やりたいから四日市メリノール学院中学でやる」というのが、四日市メリノール学院中学校のスタンスです。そういう子を受け入れています。子どもはもちろん、保護者にもそう伝えています。

たいていの親子は「大丈夫です。一生懸命頑張ります」と言います。「そうですか。わかりました」と返しながら、もう一回だけ釘を刺します。「その代わり、途中で気持ちが腐ったらダメだよ。そんな甘い世界ではないから。だったら最初からうちに来たらダメだよ」。どんなことがあっても腐らないという覚悟があるのであれば、四日市メリノール学院中学校で頑張ったらいいと思うのです。

部員が60人もいれば、なかには素人のような子もいます。さすがに今は中学からバスケットを始めるという子はいませんし、小学生のときにある程度の経験を積んではいますが、それでも入学時に「バスケットを始めて半年です」という子はいます。

深津の代に、近所のミニバスケットチームに小学6年生の夏くらいに入ったという子がいました。その子は中学3年生になったときにユニフォームをもらって、群馬全中のベンチにも入りました。3年生だからという理由ではありません。その子が自分自身の努力で勝ち取ったユニフォームでした。

もちろんポジション的な理由もあります。メンバー構成を考えたときに、あるポジションが手薄だから、この子を入れようと決めるときもあります。ドリブルがうまいとか、リバウンド力があるといった一芸に秀でた子を入れることもあります。そういう子のほうがチームのプラスになりやすいからです。総合的な力はなくても、その一芸を信じて、1分か2分起用するだけなら、たとえミスをしても大きなマイナスを及ぼすことはありません。「思い切りやってこい！」と送り出すわけです。そうして自らの得意なことを一つでも成功させられれば、チームは盛り上がります。起爆剤になれば、それも大きな戦力なのです。

もちろん全中には出られても、ジュニアウインターカップで再びユニフォームを着られる保証はありません。先ほどの子も群馬全中には出ましたが、年明けのジュニアウインターカップではユニフォームを着ていません。違う子が力をつけてきたからです。

中学生はそれくらい日々変化があります。ちょっとしたきっかけでグッと上がってくる子もいれば、その逆もあります。特に下級生の成長度合いは目を見張るものがあります。

60人の大所帯をマネジメントする方法

やはり部員数が多くなればなるほど、一つのチームだけでやっていると、実戦経験を積めない子が出てきます。もちろん、練習試合などではさまざまな工夫をして、実戦の場をつくろうとはします。それでも公式戦のヒリヒリした感覚とは異なります。

Ｂリーグがユースチームを持ち始めたころから、女子のクラブチームも全国的に増えてきて、その大会も行われるようになりました。ＪＢＡ（公益財団法人日本バスケットボール協会）も制度を整えて、公平性も保たれるようになったので、四日市メリノール学院中学校の子どもたちにもそれを享受させたいと思いました。

そこで２０２３年にクラブチームを立ち上げました。「ネイビーアンカーズ」というチームです。四日市は港町なので、四日市メリノール学院中学校・高校の校章には錨《いかり》（アンカー）があしらわれています。そこから「海軍（ネイビー）のように強いチームを」という意味を込めて、その名前にしました。私たちは単に「ネイビー」と呼んでいるので、以下、ネイビーと記します。選手はみんな四日市メリノール学院中学校の子どもたちです。

どのようにチームを分けているかといえば、実力によるチーム分けです。ただし、実力的に上半分と下半分を分けているのではありません。練習での動き、体力的なことやポジションなどを見て、トータルするとチーム力が同じになるように分けています。

四日市メリノール学院中学校ではすぐに主力として起用できない。であればネイビーの主力としてゲームキャリアを積ませてあげると、もっとよくなるのではないか。逆にネイビーでゲームに出られないなら、四日市メリノール学院中学校の主力メンバーが点差を離したときに、たくさんゲームに出られるのではないか。全員がゲームキャリアを積み上げながら、力をつけられるように考えて、チームを分けているのです。

傍から見れば、ネイビーに入ると四日市メリノール学院中学校の主力チームから「落ちた子たち」と思われがちですが、そうではありません。ゲームキャリアを積ませるためにあえてネイビーに入れることもあるのです。

そのことは子どもたちにもはっきりと伝えます。四日市メリノール学院中学校にいてもいいけれど、練習を見ていて、成長のきっかけをつかめそうなところに来ていたら、「ネイビーでゲームキャリアを積んでこい」と伝えます。

いずれもJBAに選手登録をしますが、「四日市メリノール学院中学校」と「ネイビー」としてそれぞれ登録します。全中は中体連（公益財団法人日本中学校体育連盟）が主催なので、どちらでJBA登録されていても出場できます。年に1回だけ「移籍」が可能なので、ネイビーの子たちでも四日市メリノール学院中学校に移籍すれば、JBA主催のジュニアウインターカップにも出場できます。

以前ネイビーに、「トラップ隊」と名付けていたディフェンス力に優れた5人がいました。ディフェンスでトラップを仕掛けて、相手にミスを誘わせる精鋭たちです。ネイビーとして出場したクラブチームの大会では、ゲームの最初から最後まで、延々とトラップを仕掛けていました。

その子たちは、全中でもトラップ隊として活躍しました。

そしてその後、登録を「ネイビー」から「四日市メリノール学院中学校」に移して、ジュニアウインターカップにも出場します。

クラブチームの大会で実戦経験を積み、全中でさらに磨いたトラップを、ジュニアウインターカップでも発揮してくれました。相手チームからすれば、たまったものではなかったでしょう。スタメンの、ある程度身長の高い選手たちと対戦していたら、突然、小さい5人が入ってきて、フルコートでトラップディフェンスを仕掛けられるのですから、混乱したと思います。

60人いる選手個々の特徴を伸ばしながら、それに見合ったバスケットをしているのですから、子どもたち自身もおもしろいと思ったはずです。自分の持っている力を伸ばしていけば自分も試合に出られるかもしれない。実際にチャンスをつかんだ子はもちろん、それを見ていた子たちもまた「よし、私も」と練習のモチベーションを上げていくでしょう。自然と練習の質も上がります。我ながらおもしろいシステムを構築したなと、ほくそ笑んでいます。

それでもなお、なかなか公式戦に出られない子もいますが、その子たちが出場するゲームも何かしらつくります。ゲームだけでなく、主力の子たちがトレーニングメニューをこなしている時間に、その子たちだけ特別な練習をしたり、チーム内でゲームを行うこともあります。そのときは絶対に一人ひとりのよいところと課題を見つけて、「こんなところがいいよ。でもこういうところはもっと頑張ろう」と紙に書いて渡しています。

私自身の自己満足にすぎないかもしれませんが、子どもたちが「愛コーチに見てもらえている」という気持ちになってくれたら、その後の練習のモチベーションが上がるかもしれません。すべての子どもたちに、前を向いてバスケットをしてもらいたいのです。

中学バスケットは強化か、育成か

近年、育成年代の子たちを指導するにあたって、「強化か、育成か」といった議論がなされます。私はどちらも一緒のものとして考えています。強化と育成で何が違うのでしょう？なぜ分けて考える必要があるのでしょうか？

きちんと育成していたら、それが強化につながると思っています。むしろ育成をしない指導者は強化もできません。教えるべきファンダメンタルを教え、きちんと育成し、勝負に挑む。それだけです。

育成するうえで、選手を平等に扱いましょうともいわれますが、何をどうすれば平等なのでしょう？　その時点で力のある子を基準にしたら、力の劣っている子は試合に出られません。だからといって、力の劣っている子に合わせて、力のある子たちがそのレベルに合わせて競技をすべきなのでしょうか？

ネイビーを立ち上げたときも、表面だけを見る人は「四日市メリノール学院中学は強化のチームで、ネイビーは育成のチームですか？」と聞いてきました。そんなことはありません。前項で説明したように、どちらのチームも一緒ですし、基本的には毎日同じ練習をしています。ただ小学生時代の経験を含めてその時点で力の足りない子どもたちに、たとえば「ピック＆ロールを使ってこう攻めよう」と言ってもできません。いや、形としてはできるかもしれませんが、それでは理解したことにならないし、その子たちの未来にもつながっていきません。その子たちには、ピック＆ロールより前にもっと教えるべきことがあるのです。

一方で、小学生のときから高い経験を積んできた子どもたちが、レベルを下げて、力の足りない子どもたちと同じ練習をするのかといえば、それも違います。練習のなかで、しかも60人という大所帯のなかで、いかにバランスを取るかを常に考えています。

力のある中学生は高校生と一緒の練習でもいいと思っています。ありがたいことに四日市メリノール学院中学校・高校は中高一貫校なので、それができる環境にありますし、中学校で主力の子たちはそれだけのレベルにあります。力のある子とまだそこに達していない子で時間を分けて練習することもあります。時間的にそれができなければ２人のアシスタントコーチに「ここまでの練習をしっかりさせておいてね」とお願いして、別々に指導することもあります。

毎日同じ練習をしていると書きましたが、すべての時間で、まったく同じ内容の練習をすることが平等ではないと思うのです。いろんなレベルの子がいるなかで、どこに合わせることが平等といえるのか。それを考えたときに、少なくとも私たちは体育館の環境やコーチの数を含めて、それぞれの子どもたちに合った練習ができていると自負しています。

前にも書きましたが、私は子どもたちを平等には扱いません。ただし公平には扱います。60人一人ひとりのよいところを見つけてあげたいのです。その視点においては、エースも60番目も同じです。

しかしながら、バスケットの実力が劣っている子は、たとえ覚悟を決めてきたとしても、我慢するところがたくさんあると思います。心が折れるとしたら、やはり試合に出ていない子のほうが多いでしょう。だからこそ、その子たちの心が折れないように心掛けています。覚悟を決めてきたのに心が折れてしまってはかわいそうですから。

それが効を奏しているのか、いや、子どもたちの覚悟が本物だからでしょう。実力が劣っていて自分は全国大会に出られそうにないと思っても、子どもたちがバスケット部を辞めることはほとんどありません。

かつて、朝明中学校の私にとっての1期生だった子どもたちは、最後の県大会でベスト4

まで勝ち進みましたが、翌年の全中に出場することになる後輩たちにポジションを奪われています。自分たちの中学生活最後となる大会においてです。それでもバスケットを辞めませんでした。それどころか最後まで全力で後輩たちをサポートしながら、途中出場でも活躍してくれました。

その3年後のインターハイ三重県予選の準決勝のこと。2つのコートに立つそれぞれ10人の選手のうち、7人が朝明中学校を卒業した子どもたちでした。3年前に後輩にポジションを奪われた1期生たちもそのコートに立っていました。本当にうれしかったし、それだけで楽しかったです。子どもたちが〝今〟を一生懸命に頑張って、その先で開花してくれたら、それが私にとっては何よりの喜びです。

さらにその数年後、1期生の子どもたちが就職して最初のお給料を手にした際、「愛コーチ、初任給が出ました。一緒にお酒を飲みに行きましょう」と誘ってくれたり、第1章に出てきた松井咲樹と、今枝莉美の結婚式では、スピーチもさせていただきました。その後、出産して子どもを連れてきてくれるなど、そうしたことには感慨深いものがあります。

そう考えたら、中学生のときの序列や成績とは何なのだろう？　中学生のときの結果がそれほどまでに大事なのか？　と思います。何をどう切り取って結果というのだろうかと思ってしまいます。

こだわっているのは目標達成までの過程

勝負の結果にはこだわりませんが、全国優勝を目標に掲げているのですから、それが達成できたときは素直にうれしいものです。それは子どもたち自身が掲げた目標だからです。そこに向かって日々頑張るなかで、この子たちがこんなにも成長したのか、と思えることがうれしいのです。全国優勝は目に見える結果ではありますが、私にとってはそれ以上でも、それ以下でもない気がしています。

子どもたちが全国優勝したいというから、私も一緒になって達成しようとしているだけです。私自身は——こう書くと子どもたちに叱られるかもしれませんが——、全国優勝に執着してはいないのです。

近年は特に、四日市メリノール学院中学校に来ることが、すなわち全国優勝を狙うことになっていて、子どもたちはみんなそういう気持ちで入学してきます。ただし、勝てなかったからダメなチームかといえば、けっしてそうではないと思っています。

負けたけど、「いいチームだったな」という年もあります。逆に、勝てたものの「おまえら、どうなの？」と首を傾げたくなる年もあります。

そう思うと、全中に出ることだけがすべてではありません。たまに「全国優勝するためにメリノールに来ました！」と意気込んでくる子もいるのですが、「そうか」と言いながら、心のなかでは「う〜ん、優勝にこだわってはいないんだけどな……」と思っています。

子どもたちの可能性を広げ、成長を見守ることが、中学校の指導者にとって、あるいは高校の指導者としても、おもしろいところです。子どもたちは3年間、もしくは6年間で変わっていくからです。むしろ、そのおもしろさだけで指導者を続けているところがあります。全国優勝はおまけみたいなものです。

全国優勝は、そのこと自体を自慢するものではなく、目標を達成できたと胸を張って語れる一つの出来事であることに価値があると思っています。将来、彼女たちが母親になったとき、自分の子どもに「お母さんは日本一になるという目標を立てて、仲間とそれを達成できたんだよ」と。そして、その子どもたちから「お母さん、すげぇな」と言ってもらえたらいい。たとえ全国優勝ができなくても、「日本一という目標に向かって、毎日こんなに頑張っていたんだよ」と胸を張れる女性になってもらいたいのです。

夢に向かって頑張って、夢に向かってなりふり構わず打ち込める時間を持てるのは学生のうちだけです。大人になれば、そんなことはできなくなります。だからこそ、この道を選んだことで、中学3年間が子どもたちにとってすごく幸せな時間であってほしいと思っています。

もちろん、しんどいことはたくさんあります。こんなはずではなかったと思うこともあるでしょう。いくら「覚悟を持ってください」と言われても、心が折れそうになることだってきっとあります。でも、自分は、あるいは自分たちは「これほどまでに頑張れたんだ」という自信を心に刻んで、自分の未来を切り拓いていってもらいたいのです。

自宅の寮は早い者勝ち

前にも書きましたが、私の自宅を寮にして、現在は18人の子どもたちが一緒に住んでいます。多くの方は、その寮に住めるのは主力クラスの子どもたちだと思われているようですが、そんなことはありません。早い者勝ちで、ベンチ入りできない子も住んでいます。親も含めて、「四日市メリノール学院中学校でバスケットをする」と覚悟を決めたのが早かっただけです。

だからといって早く決断すればいいというわけではありません。以前、早々に四日市メリノール学院中学校でやりたい、寮にも住まわせてほしいと言っていた保護者の方がいて、こう言われました。「最後に愛コーチが一言、『一緒に頑張ろう』と言ってくれたら、うちの娘は頑張れます」。

プレーも見ていて、実力的にも申し分のない子でした。でも私は言ったのです。

「私がそう言って娘さんがメリノールに来ることを決めたら、絶対に後悔しますよ。自分から四日市メリノール学院中学でやりたいと思わないと難しいです。だから私からはそんなことを娘さんには言えません」

結局、その子は来ませんでした。幼いとはいえ、子どもたち自身が覚悟を持たなければ、四日市メリノール学院中学校ではやっていけないと思います。

自宅を寮として開放したのは、朝明中学校から四日市メリノール学院中学校に移るころです。当時、どうしても朝明中学校でバスケットがしたいと学区に引っ越してきた親子がいました。お父さんは地元で逆単身赴任となり、お母さんと引っ越してきたのですが、当然ながらアパート代などがかかります。朝明中学校は公立中学校なので、それらを何とか捻出できていたのでしょう。でも、四日市メリノール学院中学校は私立中学校で、学費はけっして安くはありません。

その子も四日市メリノール学院中学校に編入することを決めましたが、「さすがに私立の学費とアパート代は厳しい」とお母さんが言っていたので、「じゃあ、うちに来ますか？」と誘ったのが始まりです。最初は2人でした。娘の結乃が福岡の高校に進学して部屋が空いていたので、2人くらいならと始めたのです。

それが今や18人です。2022年に隣の家が売りに出されると聞いて、買っちゃおうかなと思っていたら、たまたまその家の持ち主が私の弟と同級生だったのです。知らない人よりは、同級生のお姉さん、つまり私に売ったほうがいいと言ってくださり購入しました。

自宅の寮の名前は「ほそめ寮」です。ほそめ寮には現在1号棟と2号棟があり、中学生が14人、高校生が4人います。学校にも寮があって、高校生たちの多くはその寮にいるので、ほそめ寮の4人には「そっちに移れば」と言うのですが、今も居座っています。

進路は子どもたち自身の意思で

「四日市メリノール学院中学校でバスケットがしたい」という子どもは、バスケットの実力に関係なく、原則として受け入れます。もちろん入学試験には受かってもらわなければいけませんが、受かれば、女子バスケット部としては第一関門クリアです。でも次が、おそらく最大の関門です。

入部にあたっては、入学試験の前に面談をさせてもらいます。聞くのは、先ほどから何度か出ている「3年間やり抜く覚悟はありますか？」という質問です。

チームとしては全国優勝を目標に掲げているので、中途半端な気持ちで入部されるとチームが困るし、結局のところ、その子自身が苦しみます。どんなことがあっても、自分の信じた事を最後までやり抜く覚悟がなければ、3年間はもたないでしょう。それほど厳しい世界ですから、そこを確認させてもらいます。

中学卒業後の進路については、子どもたちの行きたいところに行ってもらうのが基本方針です。私のほうから「あの高校に行きなさい」とは言いません。もちろん、高校から声がかかれば「この高校から声がかかっているよ。どうする？」と伝えるし、それがいくつもあると「どこがいいですかね？」と相談されることもあります。そのときも「おまえにはここが

自宅を寮にして、現在は18人の子どもたちを預かり一緒に住んでいる。全員のお弁当づくりも著者の仕事だ。夕食の準備は子どもたちと一緒に行う

合っていると思うけど、自分で決めないと後悔するぞ」と言うようにしています。

私が勧めた高校に行って何か問題が起これば、「愛コーチがここがいいと言ったから来たのに……」と絶対に後悔しますから、子どもたち自身が決めることが大切だと思っています。

推薦で高校に進める子もいれば、自ら受験する子もいます。子どもたちが自分で調べて「ここに行きたい」と言えば、その高校のコーチに電話をしたり、問い合わせをすることもあります。「うちの選手が先生の高校に行きたいと言っています。ユニフォームは来ていないのですが、こんな感じの子です。どうでしょうか？」と。

近年では、ユニフォームを着ていない子でも、「大丈夫ですよ」と受け入れてもらうことが多くなりましたし、その高校で起用していただくことも増えました。ありがたいことです。

また、四日市メリノール学院高校ではない高校に進んだ子が大学進学の相談に来ることもありますが、「いやいや、それは自分で決めろや。（高校の）先生と話したんか？」と追い返しています。

ファンダメンタルを追求していく

練習では何よりもファンダメンタルを追求しています。ファンダメンタルとは、言葉の意味どおり基礎です。その範囲はじつに幅広く、ドリブルの突き方、ディフェンスの姿勢も基礎です。四日市メリノール学院中学校ではフィニッシュドリルを練習に取り入れています。

それもまた、ただいろいろなシュートを打つというだけでなく、状況に応じ、適切な体の使い方でシュートを打つためのファンダメンタルなのです。

なぜそれを重要視するのかというと、理由はいくつかありますが、一番はミスをしないためです。だからミスが続けば、事あるごとにファンダメンタルドリルに戻ります。大会直前であってもです。

キャッチミスが続けば、キャッチの練習から入ることもあります。どうしたらこの子がキャッチできるようになるかと考えて、「そうか、手がボールの形になっていないからだ」と気づいたら、手をボールの形にしてボールを持ったり、投げたりするところから練習します。

パスが弱くて、ボールミート（ボールを受けるときに、ボールに向かって踏み込む動き）ができていなければ、パスを強くして、ボールミートをさせる練習もします。

ドリブルをスティールされるなら、「ボールが前に出ているでしょ。前に出ているボールを隠しながらドリブルしなきゃダメだよね」と、ディフェンスとの間合いを狭めた状況でドリブルを取られないための練習をします。

実践練習中、リバウンドを取ったけれども、アウトレットパスをミスしたときは、「足が出ていないから、パスが弱くてミスになったんでしょ」と、足を踏み出してからパスを出す練習に戻ることもあります。

バスケットを経験したことのある人なら、パッと頭に浮かぶようなファンダメンタルドリルばかりです。それらをしっかり身につけることによって、実際の試合でミスが起きないようにすることが一番大事だと考えています。バスケットはトランジション（攻守の切り替え）が速いスポーツなので、ミスは失点につながりやすいのです。

レベルが上がると、視野についての指導も入ります。バスケットでは素早く、かつ適切な状況判断が必要なので、そのためにどう視野を取るかが大事です。ボールハンドリングなどのファンダメンタルができていなければ、視野は取れません。ボールをしっかりコントロールできているからこそ、視野も取れます。レベルが上がれば上がるほど、じつはファンダメンタルの重要性が増してくるのです。

そこで大切になるのは意識づけです。

たとえば「ドリブルを1回突く間に、3歩走れ」という課題を出したら、ドリブルを強く突かなければ、絶対に3歩を走ることはできません。「それだとレイアップシュートに行けないぞ」とか、「その練習をすることで蹴り足が強くなるぞ」といった、子どもたちのなかにスッと入るような言い方、伝え方を常に考えています。そうやってミスにつながる動きを一つずつ潰していきます。

一般的なファンダメンタルドリルでも、実戦で起こりうるミスを防ぐ意識づけができます。たとえば四角パス（スクエアパス）です。四日市メリノール学院中学校ではそれをボールを4個、つまり4つの角すべてでボールを持ってスタートします。時間の経過とともにボールを1つずつ増やし、最終的には8個のボールを動かしながら、四角パスをします。部員数が多いからできることでもありますが、狙いはそれだけではありません。

ボールとボールが当たらないように、また人と人がぶつからないように、常に周りを気にしながら、ボールを受けて投げるという意識を持たせています。単なるウォーミングアップというだけでなく、四角パスというファンダメンタルドリルを、ゲームのなかにどう反映させるか。つまり、常に周りを気にしながら、パスを受け、パスを出すことが大事なのだという意識を持たせるために、ウォーミングアップのなかに組み込んでいるのです。

近年は国内の中学バスケットでも、身体能力に優れた留学生と勝負しなければいけなくなりました。ファンダメンタルを身につけることは、自分よりも身長の大きな相手を意識するうえでも有効です。バスケットは、バレーボールのようなネットスポーツではありません。縦28メートル×横15メートルのバスケットコートのなかで攻守の切り替えを行うトランジションスポーツです。動きのなかでの瞬時の判断が求められます。いろいろな相手がいて、いろいろな状況になりうる。常に頭をフル回転させなければいけないので、そのための意識づけをファンダメンタルドリルを通じて行っているのです。

ファンダメンタルが重要な理由

こうしたファンダメンタルの徹底がないと、次のステップには進めません。

よく指導者の方から「練習を見に行きたい」と求められます。時間さえ合えば「どうぞ」と受け入れていますので、全国各地からさまざまな方が来てくださいます。そのときに、戦術的なことばかりを聞かれることがあります。そういった方はおそらく、四日市メリノール学院中学校の練習を見てもおもしろくないでしょう。

チームプレーの練習をしていても、ピボットのつま先の向き、ボールを保持しているときの位置、ボールが手にしっかりハマっているかどうかなど、そういったファンダメンタルは見逃しません。それができていないとまたファンダメンタルの練習に戻ります。

私はこの「戻る」作業がすごく大事だと思っていて、そのため練習はなかなか前に進みません。中学バスケットではそれを嫌がらないことがすごく大事です。

子どもたちだけでなく、私たち指導者にとってもそうです。とかく大人である指導者は、もうこのくらいでいいだろうと思いがちです。一つのことを追求しすぎると、時間が足りない、試合に間に合わないと思うからでしょう。でもファンダメンタルの追求が疎かになると、どこかで必ずぼろが出ます。それも往々にして試合中の大事な場面で出てくるのです。

その点においては、昭和ミニバスケットボールクラブの服部幸男先生とピンクモンスターMBCの大橋覚先生のファンダメンタルの徹底ぶりは、感心を超えて感動すら覚えます。

この2つのミニバス出身の子どもを初めて預かったとき、ほかのミニバスケットクラブから来た子どもと、これほどまでにボールのハマり方が違うのかと驚かされました。

ボールのハマり方とは、ボールをキャッチしたときのボールの持ち方です。キャッチした瞬間にすぐ強いパスやシュートができる状態のことです。それが緩いと、いわゆる「遊び」があって、たとえばシュートまでの動作が、コンマ何秒か遅れてしまいます。判断も遅れ、それが積み重なるとスムーズなバスケットができなくなります。

なぜそこまでファンダメンタルを追求するのか。一番の理由はミスをなくすためと書きましたが、判断力を上げるためにも必要です。バスケットでは、考えながらも、素早く、適切に判断をしなければいけません。そのときには、確かな技術、確かなファンダメンタルが必要になります。

ファンダメンタルを疎《おろそ》かにしていると、すべてのプレーが遅れてしまいます。新チームをスタートさせるとき、子どもたちにもよく言っています。

「ファンダメンタルをしっかり練習していたら、３６５日後の結果がまったく違うよ」

それは何も、新チームや練習日数に限ったことではありません。コンマ何秒でもずれたら、それがボディーブローのように徐々に効いてきて、勝敗を大きく左右するのです。一瞬で判断してシュートを打つ、パスを出す、ドリブルをする。もたもたしていたら、すべてのプレーが遅くなって、それだけで試合の結果が変わってきます。

中学生のバスケットは32分で行うゲームですから、そのなかでの０・１秒は、高校生や大学生、大人のバスケットよりも大きな意味を持つと考えます。

それに気づいたのは、２００７年に山形全中へ視察に行ったときです。詳細は第1章でも書きましたが、「全中に出るチームってどういうチームなんだろう?」と思って山形まで行きました。そこで目の当たりにしたのは、私たちとは異なるパスのスピード、ドリブルの強さ、シュートのタイミングでした。それらすべてが、当時の朝明中学校の子どもたちとはまったく違っていました。全中に出てくる子どもたちのそれは段違いに速く、段違いに強かったのです。

いったいどうしたらそうなるのだろうと考えたときに、普段の練習でファンダメンタルを突き詰めていくことだと気づいたのです。

昭和ミニバスやピンクモンスターがそうであるように、小学生のうちにそれを突き詰めようとしているチームもあります。昭和ミニバスの卒団生には山本麻衣がいます。彼女のすごさはシュート力やドリブルで抜いていく力といわれますが、私は瞬間の判断力だと思っています。その判断力がどこで培われたのかというと、あくまでも私の推測ですが、昭和ミニバスのファンダメンタルだったと思うのです。服部先生とお付き合いをさせてもらうようになって、そのことを強く感じました。

小学生がそこまで突き詰めようとしているのであれば、中学生もしっかりやらなければいけません。すごく勉強になりました。

指を鍛えるために手を叩く

最近は、相手のアーリーヘルプに対して素早く判断し、パスでかわす練習もしています。早い段階でヘルプディフェンスが寄ってきた瞬間、素早くピボットを踏んでパスを出しますが、パスを出す瞬間にしっかりとボールをつかんでいなければいけません。そのためには、ボールのハマり方、つまりは指先が大事になってきます。愛知学泉大学の木村功先生もよく「まずは指をつくれ」と言われているので、四日市メリノール学院中学校では、腕立て伏せならぬ、指立て伏せをやります。

指を鍛えて、指先でボールにしっかり触れるようにするためです。シュートで最後に触れるのはたいてい中指ですし、パスも最後は指から離たれます。その指の感覚をもっともっと研ぎ澄まそう、鍛えようとしているのです。

練習の始まりには、ウォーミングアップを兼ねて「リズムジャンプ」というメニューを取り入れています。待っている子たちは音楽に合わせて手を叩きます。リズムを取るためだけではなく、手に刺激を与えるために手を叩くのです。バスケットは手でボールを扱うスポーツですから、常に手を刺激しておかなければいけません。

ディフェンス練習でもいつもこう言っています。「練習の順番をただ待っているだけじゃなくて、もっともっと手に刺激を入れなさい。絶えず手に刺激を与えて、いつボールが飛んできてもキャッチできるように準備しておきなさい」。手に刺激を与えながら、実践している仲間を応援することもでき、一石二鳥です。

ディフェンス練習をしているときは「今はディフェンスの練習じゃない」と言い、オフェンス練習をしているときには「オフェンスの練習じゃないんだよ」と言います。初めて聞いた子どもたちは、え、どういうこと？　と思うかもしれません。でも、私たちがやっているのは「バスケットの練習なんだから、必ず手に刺激を与えなさい」とも言います。すべては判断力へと結びつくファンダメンタルなのです。

実戦とファンダメンタルの繰り返し

年間の練習においては、2つの大きな目安を持って進めています。8月下旬の全中と、1月上旬のジュニアウインターカップという2つの大きな山に向けて、それぞれ、それまでにはこれくらいできておかないとダメだなという目安を持っているのです。

加えて近年は身長の高い留学生がいるので、頭のなかでは彼女たちに対する守り方も考えます。そのディフェンスをするための足の運び方や予測、危機管理能力といったことを、この時期までには身につけておきたい。そういう目安を私のなかに持ち合わせています。

オフェンスでも、身長やスピードのミスマッチをつくりたいので、ピック――オンボールスクリーン（ボールを持っている選手を絡めた2対2のスクリーンプレー）――が必要になります。それが一定の形になってきたら、５月くらいに留学生のいるチームとの対戦を考えて、留学生のいる高校や大学に練習試合をお願いすることもあります。

高さ対策に限らず激しいディフェンスをしてくるチームもあるので、前述のとおり、相手のアーリーヘルプへの対応も５月くらいには始めておかなければいけません。ピボットをしてパスを出す、中抜けしてアウェイ（ボールから離れる動き）をする、中抜けしたらコーナーにいた子はリフトしてくるなど、専門的なことですが、そうした感覚を養わせていきます。それが練習でできるようになってきたら、実戦でやってみようと練習試合を組みます。

もちろん、すぐに理解ができない子もいます。そういうときは練習を止めて、「アウェイのときはここじゃないでしょ。こっちでしょ」と、アウェイだけの練習をさせることもあります。シュートドリルにアウェイの動きを加えたり、それだと時間がもったいないので、そのドリルにディフェンスを加えるときもあります。ただ加えるだけでももったいないから、ディフェンスはヘジテーションの練習をしようということもあります。

オフェンスは５回パスを回したらシュートね。でもシュートで終わるのはもったいないから、そこにボックスアウトの練習も加えようと、リバウンド練習までつなげていきます。それでももったいないな。じゃあ、そこにトランジションディフェンスを加えて、ハーフラインまでにボールをストップさせる練習も入れようと、次々に練習メニューが膨らんでいくのです。

その練習が終わると、3対3のパスアウェイです。パスをしたらアウェイして、ボールマンがドライブ。そのときディフェンスのトップフット（前足）を抜く練習です。ヘルプが来るから、コーナーへラップパス。エクストラパス。リズムよくボールが回るような位置にいなさい、ディフェンスはそのオフェンスについていくようにローテーションを速くしなければいけないぞと、そうやってどんどん内容は派生していきます。

その後もリバウンド練習や、先ほども書いたトランジションでのボールストップの練習、オフェンスはそのディフェンスをかわす練習と、まだまだ広がります。オフェンス、ディフェンスを分けて練習するのではなく——もちろんそういった個別のドリルもありますが——常に攻守の視点を持つ、バスケットボールの練習をするように考えています。

そうして、つながりのある実践的な練習をすると、子どもたちは嬉々として取り組みます。でもダイナミックな動きをし始めると、いつの間にかファンダメンタルが疎かになっていきがちです。ディフェンスのスタンスを見ることなく、自分の好きなほうから抜いていきます。そこで、トップフットを抜くファンダメンタルドリルに戻り、言うのです。

「ほら、練習が戻ったよ。時間がもったいないよね？　ちゃんとトップフットを抜くことを意識してやりなさい」

それを繰り返していると、子どもたちの意識も変わってきます。

いかに子どもたちに気づかせるか

年間を通してファンダメンタルを追求しても、もちろん、それだけで自分たちの掲げた目標を達成することはできません。当然、戦略・戦術の練習もします。でもそれ以上に大切なことは「気づく力」です。これは朝明中学校時代からずっと言っていることです。

戦術については、セットオフェンスはあまり用いません。私自身がそれを好きでないこともありますが、アジャスト（対応）されると簡単に守られてしまい、そこからの派生も難しくなるからです。もちろんまったく用いないわけではありませんが、基本的にはある程度のエントリー（動き出し）だけを決めて、後はフリーです。自分たちで状況判断できるように、2手先、３手先の可能性まで示してあげて、状況に応じてどれを選択するかを決めさせています。

いくつかの色のビブスを用意して、たとえば赤のビブスを着たディフェンスが来たらこう攻めよう、黄色のビブスを着たディフェンスが来たらこう動こうといった具合に、起こりうる状況とその対処法を伝えるようにしています。まずは判断材料をいくつか与えて、実戦形式のなかで判断できるように練習していくわけです。

それでも動きが滞ることはあります。そのとき子どもたちにはよく「今、何に困っているの？」と聞きます。その答えが、たとえば「相手のプレスディフェンスをうまく突破できず困っています」であれば、相手はボールを持っている選手にプレッシャーをかけてくるわけですから、「ボールをしっかりスイングして、パスを出そう」と言います。そのパスがうまく通らないようであれば、レシーバーは自分を守っているディフェンスを「しっかり押し込んでから振りきろう」、もしくは「背中側から抜け出そう」と言って、そのための練習もします。

「今、何に困っているの？　なぜこんなミスが起きているか、わかっているの？」

　そう聞いて、子どもたちに気づいてもらうようにしています。今までの教え子たちは、比較的、気づく子が多かったように思います。それでも気づかなければ、気づくように仕向けます。

　たとえば、試合中、ベンチに座っている子に「○○、交代」とだけ言うことがあります。呼ばれた子はスッと立ち上がって、私のところに来ます。私が「誰と交代するの？」と聞くと「……●●です」。「違う」。

　一度ベンチに戻ります。また呼ばれて来ます。

「◆◆です」

「理由は？」

「言われていたディフェンスができていなかったからです」

「よし、交代。行ってこい」

ベンチに座っているときも、ボーッと見ているだけでは、試合で何が起こっているかわかりません。極端な表現ですが、練習試合での選手交代は、誰でもいいと思っているのです。明らかによくないことが起きていることに気づいた子がパッと走ってくることもあります。

「●●と交代します」

「何で？」

「今、こういうミスをしていました」

「よし、行け」

逆もあります。

「◆◆と交代します」

「何で？」

「こうだからです」

「それは違う。もう少し見ておきなさい」

本当にゲームに出たいと思えば、子どもたちもゲームを真剣に見て、これはいい、これはダメだと判断できなければいけませんから、自然と考えるようになるのです。

交代させられた子も考えます。ベンチに戻ってきたときに私に言われます。

「代えられたのは、何がダメだったから？」

「これをミスしたからです」

「そう。それがきちんとできていたら代えられていないよ。それを疎かにしたから、あいつがおまえの代わりに出ていったんだぞ」

なかには代えられた理由がわからない子もいます。そのときははっきりと言います。

「だからダメなんだ。自分の悪かったところがわからないの？　それに気づくまでベンチで考えなさい」

試合中のミスであれば、子どもたちも気づきやすい。よほど大きな問題ではない限り、すぐにまたコートに戻ることもあります。

しかし、学校生活まで一緒だと、ときにチームのみんなの信頼を裏切るような大きな問題に発展することもあります。中学生ですから、そういうこともあります。そうした信頼を裏切るようなことがあれば、1日ではコートに戻れません。では、いつ戻すのか。私はそうしたネガティブな状態が長く続くのが嫌いなので、次の試合の選手登録リストから外すくらいです。その間にほかの子にチャンスを与えます。

けれども、それで問題が終わりになるかといえば、そうでもありません。私たちコーチは問題を終わらせることもできますが、信頼を裏切る行為に悔しい思いをしているのはほかの子どもたちです。だから長引くこともあります。そういうときは、問題を起こした子にははっきりと言います。

「ムカついているのは私じゃないよ。あいつら（ほかの子どもたち）だよ。でも私が許したから、あいつらも嫌々ながら許さなければいけない。だけど、そうじゃないでしょ？」

それを聞いて自分の過ちに気づき、変わる子もいれば、変わらない子もいます。20年近く指導していても、中学生はやはり難しいものです。でも、だからこそ、私たち指導者の存在意義があるのだと思っています。

気づく力は人生を豊かにする

そうなると、「気づく力」とはいったい何なのか、という話になります。子どもたちが身につけていく力なので、それが何かは、私にもわかりません。ただ「これに気づけたね」「ああ、それにも気づけたんだね」「え、そんなことに気づいたの？」と、私が気づかされることもあります。

気づく力とは何かという問いの答えはわからないのですが、むしろ、何でもいいと思っています。床にゴミが落ちているのに気づいてゴミ箱に捨てるとか、乱雑に置かれたものに気づいてきれいに並べるとか、それでいいのです。

普段の練習でよくあるケースとして、時間設定のある練習をするときに誰がデジタルタイマーを動かしにいくかという問題があります。四日市メリノール学院中学校にはマネジャーがいるので彼女たちがやってもいいのですが、ほかの仕事をしていて、彼女たちがその場にいないこともあります。

デジタルタイマーは、たいていみんなのいる位置から見えるところに置いてあります。ボタンを押しに行くと、スタート地点まで戻ってこなければいけないので面倒なわけです。それでも、よく気がついていつも行く子がいます。そういうときには必ずみんなの前で言います。「タイマー、今日もおまえだったよね。でも損じゃないよ。気づく力を自分で養っているんだから。すごいじゃん。だけど、ほかのやつらはそれでいいの？　成長しないけど大丈夫？」

気づく力はすごく大事です。

バスケットの試合に置き換えれば、あそこにスペースが空いているから飛び込もうとか、チームメイトがやられそうだから、ヘルプに行きやすい位置に少し寄っておこうといったことにつながります。

前にも書きましたが、栗津雪乃が中学生のとき、試合中にうまくいかないことがあって泣き出したことがあります。私は「そんなことではダメだ」と叱咤しますが、そこでチームメイトが声をかけます。すると泣いていた栗津も「このままじゃダメだ」と気を取り直して再び奮起します。そういった、誰かをよくするための気づきも大事です。

危機管理能力にも通じるところだと思います。現在の日本では、中学生以下のゾーンディフェンスは禁止になっていますから、そのあたりを鍛えにくいところがあります。ここが危ないのではないかと寄ったら、注意を示す黄色の旗が上がります。

たとえ結果としてペナルティを与えられることになったとしても、私はチームの危機に気づいて、ポジション取りをした子を褒《ほ》めます。「よくやった」と絶対に褒めます。褒めたうえで「でもな、今はゾーンディフェンスが禁止だから、その一歩手前で止まって、もう少し早く動けるようになろうぜ。自分の可動域を広くしろよ。でも気持ちはよくわかるし、よく気づいたぞ」。

胸を張って言えないところはありますが、私も教員ですから、人間形成については考えています。部活動も学校生活の一部ですから。

そもそも、何のためにバスケットをやっているのでしょうか。四日市メリノール学院中学校であれば、「全国優勝したいからです」「強くなりたいからです」と言うことはできます。

しかし、それが人生において何の価値になるのでしょう？　いや、もちろん価値はありません。目標に対する達成感や充実感は味わえます。向上心ゆえのことであれば、なおのことよいでしょう。でも中学生という年代のなかで一番大事なことがそれなのかと問われれば、私は違うと思います。

勝つことは素晴らしいし、それを目標としていたなら、なおのこと素晴らしい。でも勝つことよりも大事なことはたくさんあります。それが何かと聞かれたら、やはり私にはわかりません。答えが一つではないからわからないけれども、その何かを見つけるのが中学生ではないか。何が大事なのかを自分たちで見つけようとすることが、中学生には大事なのではないかと思うのです。それが、その先の人生において大きな糧《かて》となり、自分というものを持つための力になるのではないかと思っています。

親に言われて何となく勉強して、この大学がいいと聞いたから何となくその大学に行って、何となく会社に入って社会人になって、いったい何が残るのでしょう？

少なくとも自分の意志で四日市メリノール学院中学校に来た子どもたちには、卒業後も意味のある人生を送ってもらいたいのです。その意味を考えて、自分の人生を自分のものにしていく。そのための手段の一つがバスケットだったにすぎません。私がバレーボール部の顧問であれば、バレーボールでそれをしたでしょうし、サッカー部であればサッカーでそれを示したでしょう。たまたまそれがバスケットだっただけです。

私は大学を卒業して10年ほど会社務めをしていました。社会に出たら、いかに自分で気づくかが大事になります。このデスクが汚いな、じゃあ掃除をしておこう、上司はこれに困っているのかな、じゃあ手伝おうと、気づく力があれば、みんなが幸せになれるのです。

子どもの幸せのために、褒めて、叱る

気づく力を持ってほしいといっても、相手は中学生です。かわいいくらいに未熟です。褒めることもありますが、叱ることもあります。

私は人を裏切ることは絶対に許せないので、それについてはめちゃくちゃ叱ります。

バスケットにおいても同じです。たとえば、ベースライン側を抜かれないように守りまし

ょうというチームのルールがあるとします。それでもベースライン側から抜かれたら、「そこはあなたの責任で守りなさい」と言います。

　ルーズボールを見逃しました。リバウンドを見逃しました。取れる位置にいるのにそれらを見逃したと言う。だったら「コートに立たなくていい」と言います。だって、ベンチにいる子はもちろん、観客席で応援している子はみんなそのボールを取りたいのです。でもそのボールを取れるのはコートに立っている選手だけです。にもかかわらず、取れるボールを見逃しましたというのは、取りたくても取れない仲間を裏切っていることになります。だから許しません。

　シュートが入らないことなんてどうでもいいし、トライして失敗したのであれば、それもいいのです。普段の練習の甘さや判断のところで指摘することはあるかもしれませんが、ナイスチャレンジです。でも仲間を裏切るようなことは絶対に許せませんから、そのときはとことん叱ります。

　バスケットに限らず、チーム内でいろいろな問題が起きたり、ルール違反があったりします。中学生ですから、未熟なところが多いのです。それでも仲間を裏切ることだけは許さないと常日ごろ言っているので、そうしたことが起これば叱ります。叱られて反省したはずなのに、翌日、また同じことをしてしまう。それもまた中学生です。だからまた叱ります。

　そんなことが複数回続けば、さすがに私も呆れますが、絶対に見捨てることはしません。

見捨てたら終わりです。

指導者は、裏切られることも仕事だと思っているからです。

もちろん私も人間ですから、私の言ったことに従順な子どもたちばかりだったら、ありがたいと思います。でも、大人の言葉に従順な子どもや、分別がついて自分できちんと考えられる子どもは、勝手に成長していくし、バスケットもうまくなります。

裏切る子は、分別がつかないから何度も裏切るのです。それに対して私たちが行っているのは教育です。法で裁くわけではありません。常に、どうしたらこの先この子が幸せになれるのかを考えています。頭がよくなるとか、バスケットがうまくなることよりも、どうしたら幸せになれるのかを考えているのです。

今叱っておかないと、あるいは今褒めておかないと幸せになれないと考えたときに、ある種の駆け引きをしながら、それでも考え続けて、子どもたちを導いてあげないといけないと思うのです。

そして数年後か、数十年後かはわからないけれども、あのとき愛コーチが言っていたのはこういうことだったのかと気づいてくれたらいいのです。

もちろん、相手が中学生でも裏切られたら私だってしんどいし、苦しいし、つらいです。

そういう場面に出くわしたときにはよく言うのです。

「大人は裏切られて傷つかないと思ったら大間違いだよ。私だって傷つくんだよ」

何回も裏切る子には必ず言います。

だからといって、そういう子をずっとチームから外すようなことはしません。ただ、周りの子どもたちが頑張ってきた思いを踏みにじったときには絶対に反省してもらいたいのです。その反省が掃除をすることなのか、チーム練習に入らずにほかのところでトレーニングすることなのかは、自分で考えなさいと言っています。

他県の高校まで諭しに行ったことも

少し前にもありました。チームのルールを破ったことが発覚し、その日彼女は練習に入れませんでした。それほど重大なルール違反です。翌日、「今日は練習に入りたいです」と謝りにきました。でもそのときはまだ許せる状況ではなかったので、「そんな簡単なことではないやろ」と言って、その日もチーム練習から外しました。

どこで幕引きをするかは、もちろん事の重大さを見て私が判断することもありますが、本来はほかの子どもたちが判断すればいいと思っています。周りの子どもたちが「許さない」と思えば、簡単には許されないのです。

しかもルール違反をした子が試合に出ているメンバーであればなおのこと、こう言います。「だって、みんないつも、おまえのために応援しとるやん」。そういうところは、考えてもらわなければいけないのです。

実際に、事の大小はさまざまですが、私たちコーチやチームメイトを裏切った子どもは何人もいます。誰だって最初から分別のつく子どもではありません。罪を犯すような大それたことをする子はいませんが、それでも手のかかる子はたくさんいました。

たとえば、身長の大きい子が、自分には身長があるからと、ちょっと勘違いしていたことがありました。後輩のポイントガードが、ポストアップをしたその子のターゲットハンド（ボールを要求するときの手）より、ボール一個分上にパスを出したのです。手を伸ばせば十分に届くし、むしろ私から見ればナイスパスです。でも本人は自分が要求した位置じゃないからとボールを取ろうともせず、逆に「ちゃんとパスを出せよ」と言ったのです。それが私の耳にも聞こえました。

それ以外にも、あれが嫌だ、これが嫌だと、普段からすねた顔をしてプレーしていたので、こう言いました。

「そんな顔をしたおまえを見て、周りのみんなが気を使うとは思わないのか。おまえはそんなふうにみんなから気を使われてええの？」

そうしたら「いや、私はこうやっているのに、周りがこうなんです」と言い返してきたので「周りがそうなるのには理由があるやろ？　もっと自分に矢印を向けてみなさい」と返しました。

なかなか自分に矢印を向けられない子でしたから、高校の先生が勧誘してくれたときも、「いいですよ。でも先生、あの子は大変ですよ」と伝えました。その高校に進学したのですが、途中で「みんながああで、こうで……。だから辞めたい」と私に言ってくるのです。辞めたいと言って練習にも出てこないと周りの卒業生から聞いたので、わざわざその高校まで行き、一泊して諭《さと》しました。なぜ私がほかの高校に行った子の面倒まで見なくてはいけないのか……。それでもかわいいのです。その子は今、強豪大学に進学して、バスケットを頑張っています。

いかに叱るか、どこまで叱るか

手のかかる子がいたら、1対1で話すこともありますし、あえてチームの前で話すこともあります。みんなの前で話すのは、そうでなければ、周りの子どもたちが納得しないからです。あの子は大きいからいいの？　あの子はうまいから許されるの？　そう思われてしまうことは、けっしてチームのプラスになりません。

手のかかる子ではなかったけれども、黒川心音もみんなの前でよく叱りました。学年が上がるごとに叱られることは少なくなっていくのですが、1年生のときはまだまだ幼さもあってよく叱られます。1年生で主力メンバーに抜擢《ばってき》されたからといって、悪い方向に勘違いされても困るし、周りの子どもたちにもそれだけの選手だと認めてもらわなければいけません。だから、みんなの前で叱りました。

その後で黒川を個別に呼んで伝えます。

「みんなの前でああやって叱った理由がわかるか？　普通の子やったら、あんなことをする必要はないいんだよ。でもおまえは違うだろ？　みんなにはない、素晴らしい才能を持っているんだ。私がどれだけおまえのことを信頼しているか、わかっているか？」

「はい、わかります」。黒川はそういう子でした。

どう考えても、中学生はまだまだ未熟なところが多い年ごろです。叱られれば、気分もよくありません。いや、それについては大人でも同じでしょう。そんなときに信頼関係をより深めていくためには、ありきたりですが、やはりコミュニケーションが大切になります。

叱られる側もしんどいでしょうが、正直なところ、叱る側もしんどいのです。でも私は叱ることを引き延ばしては絶対にダメだと思っています。

叱ったことをいつまでも引っ張る人もいます。ずっと怒っているような表情の人です。私にはそれができません。それに効果があるのだろうかと疑問に思うことさえあります。

もちろん、子どもたちによく考えてほしいときは、子どもたちが謝りに来て、これからはこうしますと言っても「いや、まだダメ。その答えじゃない」と跳ね返すこともあります。でも必要以上に引っ張ることで、子どもたちの心に響いていくのでしょうか？　先生やコーチ、大人にずっと不機嫌でいられると、子どもたちも何で叱られていたのかわからなくなると思うのです。だから一度叱ったら、そこで終わり。基本的にはすぐに切り替えます。

そして、叱るときは必ずその子のよい面とセットにして叱るようにしています。「おまえはこんないいところがあるのに、こんなことをやったら、もったいないやろ」。そうすると子どもは「そうだ、私はこんなことができるのに、こんなことをやったらダメだな」と気づくのでしょう。それぞれの子どもたちのよいところが、どんどん増えていくような気がしています。

日常生活とプレーはリンクしている

そのためには、たとえ60人であろうが、子どもたちそれぞれのいいところを把握しておかなければなりません。

四日市メリノール学院中学校女子バスケット部では、月に1回くらいチーム内でゲームをして、選手としてのいいところを見つけています。

学校でも、子どもたちの担任の先生とコミュニケーションを取るようにしていますから、いいことも、悪いことも言ってくださいます。たとえば、あの子は移動教室のときに最後に教室を出て、電気を消してくれるんですよ。日直でもないのに黒板の文字を率先して消してくれていましたよと。

一方で、今日は授業中に落ち着きがなくて、ずっと隣の子と喋っていました。注意してもなかなか聞いてくれないといったこともあります。

悪い話を聞けば、その子を呼んで「私の目からはそんなことをする子に見えないんだけど、どうなの？　私の前でだけちゃんとやって、ほかの先生の前ではちゃんとやらんの？　どっちの姿が本当のおまえなのか、わからなくなるよね」と言ったりします。そして「どっちの姿がいいか、自分で決めて」と付け加えます。

もちろん、後のフォローもします。次の日に「今日はどうでしたか？　昨日、私からこんなことを言いましたが、変わりましたか？」と先生に聞くと、「そういえば、ちょっとおとなしかったですね」ということもあれば、「そんなに変わりませんね」ということもあります。後者だったら、「そうですか、じゃ、ちょっと見てきますわ」と教室をのぞきに行きます。

私は中学バスケットのコーチですが、中学の教員免許は持っていません。高校の教員免許だけです。だから中学生には授業を教えられません。中学の教員免許を取ろうと思ったこともありましたが、今ではいい距離感ができてよかったと思っています。

もし中学の教員免許を持っていて、担任を受け持って、国語の授業もあって、そのうえ部活動までとなったら、子どもたちと学校でずっと一緒にいることになります。私の自宅で寝食をともにする子どもたちとは、24時間ずっと一緒にいることになります。中学の教員免許を取らなかったことは、結果としてお互いのためによかったのかもしれません。

そう思うのは、子どもたちが素の姿を見せることも大事だからです。素の姿で失敗したり、私だけでなくほかの先生方からも叱られたほうがいいのです。叱られるのが嫌だから素の自分を隠すのは違うよと、子どもたちにも言っています。

「叱られることは成長できることだから、いいことなんだぜ。そもそも完璧な人間なんていないんだから。それに完璧な人間ばかりだったら気持ち悪くない？　だから、いいんだよ。素の自分を出して、叱られたらいいんだよ。そして次に『何だ、おまえ、こんなことができるようになってるじゃん。ちゃんとやってるじゃん』みたいになるほうが気持ちよくない？」

そうやって子どもたちが変わっていくことが、私自身も楽しいのです。いや、楽しくなかったら、教員もコーチもやっていません。大変なこともあるし、傍から見たら常に動き回って疲れそうだと思われますが、それが楽しいのです。

子どもの変化は本当におもしろいです。ある日突然、ゴミを拾い始めたり、ゴミ箱にゴミが溜まっていたからと捨てに行ったりするのです。もちろんそういうことに気づかない子もいます。そういう子はたいていルーズボールを追いかけることもしません。

実際、中学３年間で、最後までそういうことに気づかない子もいます。申し訳ないけれども、そういう子は選手としても大成しません。やはり日常生活とプレーはリンクするのです。気づきのない子は団体競技に向いていないのかもしれません。

繰り返しになりますが、気づく力は大切です。バスケットはチームスポーツです。気づくからこそプラスアルファの力が出て、それがバスケットのおもしろさになるのです。個々の能力がけっして高くはなくても、気づくことで訳のわからない力が発揮されて、訳のわからないうちに勝つこともあります。プロ野球の故野村克也監督が「負けに不思議の負けなし。勝ちに不思議の勝ちあり」とおっしゃっていたように、私たちには不思議の勝ちしかありません。

子どもたちには、「ここまでやってきたんだから大丈夫。この対策もしたし、このプレーへの守り方もできるようになったから、もう大丈夫。よし、思い切って行ってこい!」と言います。そしてコートに送り出しながら、「ベンチメンバーはプラスアルファの不思議な力を貸してくれよ」と内心では思っています。

第4章

子どもたちのチームをつくる

チームをつくるうえでは、まず核になる選手を決めます。どのチームでもおそらく同じでしょう。そういう子はわかりやすくて、身体能力や運動能力、バスケットの経験、技術、センスといったものを、ある程度持ったうえでチームに入ってきます。それがチームを救う選手とイコールかといえば、必ずしもそうではありません。では、チームを救う選手とはどういう選手でしょうか。私はやはり「気づきの力」がある子だと思っています。

ターニングポイントになった1本のルーズボール

私の指導者としてのターニングポイントは2013年でした。朝明中学校での平野実月と粟津雪乃たちの代です。全国優勝が現実的なものだと思わせてくれたのが彼女たちでした。結果、あと一歩届かなかったのですが、「全国優勝が単なる目標で終わることはないかもしれない」と思えたのです。

前年の上級生が少ないこともあって、2年間ほとんど変わらないメンバーでした。その分、私の考え方に多く触れていて、より自分たちで気づいて行動できる学年でもありました。彼女たちの代を語るときは、チームの中心にいたこともあって、どうしても平野と粟津の名前が出てしまいます。でも、じつはほかの子たちがすごく頑張ってくれたのです。

前にも書きましたが、全中の決勝トーナメント1回戦で大分の戸次中学校と対戦しました。相手のエースは現在、Wリーグの富士通レッドウェーブで活躍している赤木里帆です。身長で劣る戸次中学校は、当時は禁止されていないゾーンディフェンスを用いて、粟津に対して2人がかり、3人がかりで守ります。ときには4人で囲んでくることもありました。思うようにプレーができなくなった粟津は試合中に泣き出します。それくらい激しいプレッシャーでした。

競り合いの展開で、私も何とかしなければと思っているときです。泣き出した粟津を見て、私も「泣きやむまで、ベンチで試合を見ておきなさい」と言ってしまいました。そのときに平野が、粟津が泣くのには自分たちにも責任があると言い、その言葉に粟津も奮起します。そこから何とか持ちこたえてくれて、最後の最後で追いつきました。

その試合で起こったことはそれだけではありません。試合の最終盤、けっして目立つタイプではなかった水嶋彩乃が、戸次中学校のエースである赤木をファウルアウトに追い込んだのです。赤木とルーズボールを追って先にボールを取ったところで、赤木がたまらず5つ目のファウルをしてしまいました。試合の流れが変わって、朝明中学校が逆転。57－56で1点差の勝利でした。

話は前後しますが、2010年の広島全中でもダブルエースの山田愛と高橋成美の陰に隠れていた子が活躍してくれました。大会の直前にスタメンの子が骨折をしてしまって、それまでシックスマンで使っていたシューターをスタメンに起用したのです。小林光という子です。バスケット雑誌にも取り上げられました。

決勝トーナメントの1回戦、相手は福岡の高見中学校です。結果、63－70で負けるのですが、小林は5本の3ポイントシュートを決めています。それまでは「大事なところでシュートを落とす選手」という印象だった小林が、1年かけて成長してくれて、大事なところでシュートを決めてくれたのです。結果の悔しさよりもそのことがうれしかったです。

その2年前に行われた新潟全中でも、先述のとおり、スタメンを外されてシックスマンになった太田紗矢がよくシュートを決めてくれていました。彼女の活躍で新潟全中出場を決めたところもあります。

そうした、いわゆるエースになれない子どもたちが、常にチームを支えてくれています。「チーム愛」といっては大げさですが、それを持つことが脈々と受け継がれて、ターニングポイントともいうべき平野たちの代で一つの花を咲かせたのだと思っています。

信頼のおける選手はシックスマンで

エースや主力、スタメン以外の子どもたちが大切な存在であることは、それまでもずっと感じていました。意図的に「そうなりなさい」と言ったことはありませんが、毎日の練習を本当によく頑張ってくれていたので、根拠はそれだけでしたが、大事な局面でチームを救うのは、その子たちだろうなと思っていたのです。それは四日市メリノール学院中学校の今でも変わりません。

エースではないけれども、「この子がチームを救ってくれるのでは」と思う子がいないときは、チームも弱い気がします。

チームをつくるうえでは、まず核になる選手を決めます。どのチームでもおそらく同じでしょう。そういう子はわかりやすいのです。身体能力や運動能力、バスケットの経験、技術、センスといったものを、ある程度持ったうえでチームに入ってきます。もちろん、即戦力で使える子は数少ないのですが、どこかにキラリと、それもはっきりと見える何かを持ち合わせています。

そういう子がチームを救う選手とイコールかといえば、必ずしもそうではありません。では、チームを救う選手とはどういう選手でしょうか。私はやはり「気づきの力」がある子だと思っています。

2021年の群馬全中で優勝したときのエースは深津唯生です。しかし、彼女は感情が豊かすぎて、それが溢れ出るときがあります。そんなとき、シックスマンのポイントガードが深津に声をかけに行ってくれるのです。試合だけではなく、練習中も「大丈夫、大丈夫」とか、深津の感情が溢れ出る前に「ごめんね。こっちのパスが悪かった」と先に謝ったりするのです。すると深津も冷静になれるのでしょう。「いや、こっちもごめん。私が悪かったわ」。

そういう子が大事な試合で勝敗を左右するプレーを決めてくれます。中学を卒業後、そのまま四日市メリノール学院高校に進んだ大久保結奈です。大久保の存在は当時としても大きかったし、高校生になってからも大きいものがありました。

チーム、あるいはエースの様子がよくないと思ったときに、パッと何かを言える子がいるか、いないか。その差は大きいです。

「そうなりなさい」とは言わないと書きましたが、近年はそういう子が出てくるよう仕向けることはあります。チーム力とは何かと誘導していくのですが、それに乗るかどうかは、子どもたち次第です。「あ、乗っかってきた」と思う瞬間はあります。練習や試合でこちらの仕掛けに乗っかってきたと思うと、この子は絶対に裏切らないだろうなと信頼を置きます。その子がチームの6番手、7番手になるだけの力をつけてきたときは、チームも強いなと思います。

ただ、6番手、7番手の子がチームの状態に気づいてチームの波をとらえたとしても、その子をスタメンで使うことは、まずありません。スタメンがケガをしたなどの場合は別ですが、基本的によい選手は後から出すほうがいいと考えています。信頼できるからです。

32分間ゲームをやれば、どこかで必ず悪い流れになります。そのときに流れを変えてほしいと送り出せるのは、信頼のおける選手です。実際、私は「おまえのことを一番信頼している」と、はっきりと伝え、みんなの前でもそう言います。

「おまえのことをめっちゃ信頼している。おまえは絶対に私のことを裏切らない」

試合中、コートに送り出すときも言います。

「信頼しているから、思い切り行ってこい！」

中学時代の大久保にも言いました。ベンチに座っている彼女を呼んで、「今、あいつが困っているだろう?」。「はい」。「頼むな」。そう言って背中をポンと叩いて送り出します。そうすると見事に期待に応えてくれるのです。深津に絶妙なパスを出して、試合の流れを変えてくれていました。

バスケットは５人で行うスポーツですが、けっして５人だけでは戦えません。カギを握っているのがエースやスタメンとは限りません。バスケットがチームスポーツであることを理解し、それを体現してくれる子どもたちに何度も助けられています。

プラスアルファの力を何よりも大事にする

繰り返しになりますが、現在の四日市メリノール学院中学校の女子バスケットボール部には60人の部員がいます。その60人を大きく２つのチーム――中学校とクラブチーム――に分け、「中学校」のほうはさらに主力チームと、経験の浅いチームに分けました。全部で３つのグループがあるわけです。それをどう割り振るかは、ある意味でコーチとして一番考えなければいけないところです。

完全な実力による分け方かといえば、そうでもありません。現時点の力ではなく、力を伸ばすために上のグループで練習させようとか、上のグループで試合経験を積ませて、自分が持っている力よりも高いレベルの空気を吸わせたいと考えることもあります。

実際にやらせてみて、今回はこれだけやれたから、もう少し続けて見てみよう。このレベルの相手だったらどれくらいやれるか見てみよう。そんなふうに考えることもあります。

逆に、現時点である程度の力はあるけれども、もっともっと力をつけさせたいから、あえて下のグループに入れて、プレータイムを増やしてやろうと考えることもあります。

四日市メリノール学院中学校に入ってきてくれたのですから、それぞれの力に見合った試合経験を積ませてあげたいのです。それはモチベーションにも大きく影響します。

厳しいところだとわかっていたし、それだけの覚悟も決めて入ってきた。でも、実際にはこんなにもプレーさせてもらえないのかと思ってしまうと、中学生ですから気持ちが腐ってしまうこともあります。そうした腐った空気はチームに伝染します。そういう子をそのままにしているとチーム力は絶対に上がりません。

そもそも5人だけで試合ができるなんてありえないのです。少なくとも四日市メリノール学院中学校はそういうチームです。プラスアルファの力を本当に大切にしているからこそ、その力をみんなにつけさせたいのです。

だから、クラブチームとして登録しているネイビーの一番大事な大会には、その日は何の予定も入れずに、四日市メリノール学院中学校として登録している、いわゆる主力メンバーたちも一緒に全員で応援に行きます。

中学バスケットの感覚を得るのに2年はかかる

練習計画については、以前であれば、3月くらいまでにチームの土台になることを終わらせておいて、そこからゲームで調整していくイメージでした。8月下旬の全中が3年生にとって最後の大会だったからです。

２０２１－22シーズンからジュニアウインターカップが始まったので、練習の流れも少し後ろ倒しになっています。

もちろん全中までに仕上げなければいけないことはあります。それでも前年度のジュニアウインターカップが終わってから、春先くらいまでは体づくりとファンダメンタルを徹底します。子どもたちにも「この時期の練習がその後のプレーにつながってくるよ」と言いながら、まずは土台づくりから始めるのです。

その間にも公式戦や練習試合などはありますから、できていないところがあれば修正します。たとえば、高校生と練習試合をしたとき、そのプレッシャーに圧倒されて、ボールを動かせないことがありました。すると、ファウルになってもいいから、「強く踏み出す一歩目の練習」をします。強く踏み出すことを強調するために、あえて1対1はやらせず、足を踏み出す練習だけに終始することもあります。

ゲームをやって、課題を見つけて、そこを修正する。「ゲーム→課題→修正→ゲーム……」というサイクルが多いように思います。

練習試合が多いのは、そうした課題を見つけるためだけでなく、中学バスケットの感覚を得るためといった意味合いもあります。特に下級生にとっては、そちらの意味合いのほうが大きいかもしれません。

たとえばオフボール（ボールを持っていない状態）の感覚は、特にミニバスケットで中心選手だった子には難しいものがあります。ミニバスケット時代は、中学生以上に身体能力や運動能力の差が顕著で、その時期に能力の高い子が、いわゆるエースになります。エースは誰よりもドリブルを突きます。周りの子にボールを渡すとミスをするから、コーチもエースに「おまえが攻めろ」と言いがちです。そうすると、ボールを早く受けたいために、ついボールに寄っていきます。

でも中学バスケットは違います。アウェイ（ボールから離れる動き）をして、スペースを広く取る、という考えから始めなければいけません。だからオフボールの感覚を実戦で身につけるために、練習試合を組むことが多いのです。

言葉にすると簡単です。パスして、アウェイして、コーナーで合わせる。クローズアウトに来たらカウンターでドライブ。ヘルプが来たから、キックアウト。はい、シュート。バスケットを経験したことのある大人であれば、パッと頭に画が思い浮かぶと思います。

でも中学生は、そうした動きを身につけるまでに、少なくとも2年はかかります。2024年の主力チームにいる2年生は、ミニバスケットではチームの中心選手でした。中学に入ってからは1年生のときから全中などで起用していますが、それでもいまだにアウェイができないときがあるのです。それだけ習慣化されているからでしょう。

3年生くらいになると、中学バスケットの頭と体と技術がマッチしてきます。みんなが同じようにバスケットができるようになります。

全員になるべく多くの経験を積ませるために

中学バスケットの感覚を得ていくためにも練習試合は大事にしていますが、対戦相手を決めるのは難しいところがあります。というのは、相手チームは四日市メリノール学院中学校と練習試合をしたいわけです。遠く九州から来てくれることもあります。それだけの遠征費用をかけてくるのですから、四日市メリノール学院中学校と一つでも多くの試合がしたいわけですが、そうするとネイビーや経験の浅い子で構成されたグループの子たちはゲームができない状態になります。そんなときは、昼休みの１時間を使って「この時間はおまえたちの時間だ」と言って、試合をしたりしています。

２０２２年から高校の指導もすることになりました。そうすると高校のほうにも練習試合の申し込みがあります。そのときも、普段から高校生と練習をすることがある四日市メリノール学院中学校の主力の子たちは、その輪のなかに入れてもらうことができます。しかし、ネイビーと経験の浅い子たちは、体力的な差が大きすぎることもあってその輪には入れません。もちろん見ることも勉強ですが、おもしろくはありません。

そのときも、昼休みに相手の高校の試合に出られない子たちと練習試合をさせてもらっています。「よし、おまえらの出番が来たぞ。高校生がおまえらのために相手をしてくれるんだから、失礼のないように一生懸命やってこい」。

これも大所帯になった四日市メリノール学院中学校・高校の育成システムです。練習試合を申し込んでくださる高校のチームには「この大事な育成システムに協力をお願いします」と伝えています。中学生の、一般的にはBチームやCチームと呼ばれる子どもたちとも試合をやってくださいねとお願いするわけですが、たいていのチームは受けてくださいます。

三重県はちょうど日本の真ん中あたりですから、東日本からも、西日本からも、比較的来やすい場所で、ありがたいことだと思っています。

チームのために叱ってくれた3年生

メンバー選考の際――中学であれば、たいてい15人の選手がエントリー（ベンチ入り）できます――、なかでも13番目から15番目の選手については、考えるところがあります。基本的には下級生を入れて、経験を積ませたいと思っています。県大会から東海ブロック大会、その後の全国大会など、大会そのもののレベルが上がれば上がるほど、その空気を感じるだけでも、今後の成長に大きなプラスになると思うからです。その子がその時点で戦力になるかならないかは横に置いておいて、空気を吸わせたい子どもを13番目、14番目あたりに入れることが多いように思います。

そして最後にもう1人。下級生も入れたし、あと1人は誰を選ぶかというときには、周りの子どもたちが「この子なら認められる」と思ってもらえる子がいいなと思っています。正直にいえば、子どもたちに聞いて、推薦制にしたいくらいです。

子どもたちには、私たち大人には見えない子どもたちの世界があります。大人の私としては、前にこんな問題があったけれども許してあげなければいけないと思うのですが、子どもたちからすると許せないこともあります。この子はこんなことをしたから、ベンチに入るのはまだ早い。そう思うこともあるようです。

そのあたりはやはり子どもです。純粋すぎるがゆえに、残酷なことも思ってしまいます。「私は毎日、こんなにも一生懸命、真面目に練習してきたのに、あんなことをしたあの子が何でユニフォームを着られるの？」と思わせることは、私としてもつらいものです。

でも、矛先を向けられた子が、どこでどう変わろうとしているかわかりません。もしかすると、今、この瞬間に変わろうとしているかもしれません。大人はそう考えますが、子どもたちにはそうしたさじ加減がまだまだ備わっていない。だからこそ、大人である私がしっかりと見極めてあげなければいけないと思っています。

見極めるポイントは間違いなく、学校生活と練習という日常生活のなかにあります。前にも書きましたが、この2つは絶対にリンクします。学校生活で「この子、どこかおかしいな」と思う子は、練習でもおかしいものです。それが続くようだったら、その子をエントリーに入れることはありません。

私としては公平にチャンスを与えているのです。たとえ何か問題を起こした子でも、ペナルティを受けて、みんなに謝ったらそこでおしまい。そこから這《は》い上がろうとするかどうかはその子次第だし、這い上がろうと一生懸命にやっているようだったら、ベンチ入りのチャンスを与えなければいけないと思っています。失敗を次につなげてくれればいいのです。

逆に失敗を次につなげられていないと判断した子は外します。幸いにも、その見極めでこれまで間違ったことはありません。全中のときにスタメンだった子も、チームで決めたルールを破ったという理由で、ジュニアウインターカップではエントリーから外したことがあります。

一方で周りの子どもたちに助けられる子もいます。

以前、スタメンの子で、どうしても態度の改まらない子がいました。いや、不安定といったほうがいいかもしれません。いいときはいいのですが、不貞腐れるとチームの雰囲気さえも一瞬で壊してしまいます。大会前のまだエントリーが決まっていないときに悪いほうが出てきて、私も「もういい、おまえは次の大会でエントリーから外す」と言いました。

そのときに、試合はおろか、エントリーにも入れなさそうな同級生が「ダメじゃん！」と、その子を叱ったのです。見捨てられなかったのだと思います。練習後もみんなと一緒に私のところへ来て言いました。

「お願いですから、あの子にチャンスをあげてください。エントリーに入れてやってください」

その年、エントリーに入れなかった3年生は「ダメじゃん」と叱ったその子だけでした。雰囲気を悪くした子がエントリーに入れなければ、彼女がエントリーに入れたかもしれません。でもチームのことを考えて、スタメンの子を諭してくれました。すごい子です。

その子は四日市メリノール学院高校に上がって、少しの期間、高校でもプレーしたのですが、途中で進路変更をしました。「中学のマネジャーをやらせてください」と言ってきたのです。そのまま高校3年生の1月、ジュニアウインターカップまで四日市メリノール学院中学校のマネジャーを務めて、上智大学に進学しました。

彼女がマネジャーを務めた最後の年、四日市メリノール学院中学校は全中とジュニアウインターカップで、ともに優勝しています。本当によく気の利く子で、カバンの置き方が乱れているときなどは、私が指摘する前にその子が中学生たちを叱っていました。本当に助けられたので、上智大学への推薦状は一生懸命書きました。

ジュニアウインターカップが終わった後、彼女に言いました。「今年のチームはおまえがいたから勝てたんだ」。今でもそう思っています。山口杏、ありがとう。

受け継いでほしいマネジャーの精神

2024年は、中学校と高校を兼任するマネジャーがいます。田中美妃です。田中は四日市メリノール学院中学校で3年間バスケットをやったのですが、申し訳ないけれど全国大会で活躍できるだけの力はつきませんでした。本人もそれを理解していたのか、高校に上がるときにマネジャーとしてサポートすると言ってきてくれました。

滋賀から来ている子です。中学3年間、寮生活をしていて、今も寮生活です。親元を離れてまで来たのだから、高校に上がるタイミングで違う選択肢もあったはずです。地元に帰ってバスケットを続ける道もあるわけですから、そういった話もしました。

それでも「自分はもう選手として、このレベルでプレーするのは無理だと思います。でもバスケットは好きだし、メリノールが好きなので、マネジャーをやります」。しかも、私が中学と高校のコーチをしているから、田中も両方のマネジャーをやると言うのです。実際に高校のサポートをしながら、中学を見てくれています。人数が多いし、手もかかりますから。レフェリーのA級ライセンスを持つお父さんからもらった笛を首からぶら下げて、頑張ってくれています。

これまではマネジャーがいない年もありました。とりわけ中学生は、まず自分がプレーしたいと思うものです。

マネジャーがいないときは、マネジャーとしてベンチに入れる枠に、必ず1年生を入れています。1年生で、今後、チームの中心選手になってくれそうな子に大会の空気を吸わせるために入れているのです。

例外もあります。2023年の夏は2年生を入れましたし、山口が3年生のときは、3年生でエントリーを外れる子が1人だけだったので、彼女をマネジャーとして入れました。そこでも気を利かせてくれて、今思い返しても、彼女がいなくなってからの「山口ロス」は相当激しかったです。

田中は1年生のときに、その山口の姿を見ています。田中も賢い子で、うまく人を使える子です。選手たちは、練習終わりにおにぎりを食べるのですが、ケガをしてチーム練習に参加できていない子を捕まえては、「はい、あんたが握るのは何個ね」と、ノルマを割り振ったりしています。

その田中の姿を下級生たちが見ています。そうやってマネジャーとしての伝統が受け継がれることも、チームにとってはとても大きな財産です。チームのためにやってもらっているマネジャーに対して、私が叱ることはまずありません。むしろ感謝しかないのです。

嫌なことを言わなければいけないキャプテンだからこそ

キャプテンについては、早い段階で決めています。1年生のときに、3年生になったらこの子がキャプテンだなと決めて、3年間かけてキャプテンとして育てるようにしています。本人にも「おまえが、この学年を取りまとめなさい」と伝えます。

キャプテンっぽくない子でも、キャプテンとして育てようとすることはあります。代表的な例が東紅花です。同じ代には黒川心音がいます。誰がどう見てもキャプテンは黒川だと思っていたはずです。でも黒川には2年生のときからゲームキャプテンをさせていたので、チームキャプテンは違う子がいいだろうと思ったのです。

東は自分に対してストイックで、それでいて淡々とやれる子でした。でも、それだけではあの子が一皮むけないなと思ったので、チームのキャプテンをやって一皮むけなさいと言いました。人に対してとても優しく、みんなが嫌がることを言えない子だったので「嫌なことも言いなさい」と言ったこともあります。みんなから嫌われるような役割は、誰だって嫌なものです。東だって嫌だったと思います。でもそれが私の考えるキャプテン像です。

ほかの子どもたちにはいつも言っています。

「キャプテンの言っていることは私の言っていることだよ。だから文句があるなら、いつでも私のところに言いに来なさい」

嫌われる可能性があるキャプテンは守ってあげなければいけません。ただでさえキャプテンはほかの子よりも叱られることが多いのです。チームの雰囲気が悪ければ、「こんなことでいいの?」と叱られるのはキャプテンです。彼女自身が一生懸命やっていても、「それはキャプテンじゃない。自分だけが一生懸命やってもダメなんだぞ」と言われるのです。

さらにこうも言われます。

「何でそれに気づかないんだ? 気づいていて見て見ぬふりをするな」

実際に東自身はチームの悪い雰囲気に気づいていて、まずいなと思っているのに、それをみんなには注意できません。「そこで注意できるかどうかでしょ。だからおまえをキャプテンにしたんだよ」。

同時に周りの子どもたちにもこう言って、絶対にキャプテンだけの責任にならないようにします。

「どうして東を見捨てるの？　おまえらがこんなことをやらなかったら、東は私からこんなふうに言われていないんだよ。ほかの子が『雰囲気がよくない』って言ってもいいじゃん。何で東がこんなにまでも叱られなきゃいけないの？　考えなさい」

キャプテンと周りの子、エースと周りの子、問題を起こした子と周りの子……。叱るときは常にセットです。

セットにするのには理由があります。キャプテンを例に挙げれば、確かに一番叱られるのはキャプテンですが、それをすべて引き受けなければいけないのはしんどいものです。それは私もわかっています。しかも、そういうとき、周りの子たちは「ああ、またキャプテンが叱られているわ」という表情でその光景を見がちです。でもそれは違うと思うのです。

キャプテンはチームの代表として叱られているからです。責任はみんなにあるし、みんなでよくなる必要があります。だからチームスポーツはおもしろいのです。補い合えるからおもしろいのです。「いつも、四日市メリノール学院中学はプラスアルファの力で勝つチームだって言っているでしょ」。

東のときも「東が叱られているわけじゃない。キャプテンが叱られているんだ」と言いました。東にも「おまえは誰よりも一生懸命やっている。それは認める。でもそれだけじゃダメなんだ。周りがやれないとダメなんだぞ」と言って、もう一度みんなに「何で、こいつだけが叱られるんだよ⁉」と言います。

四日市メリノール学院中学校のキャプテンはしんどいと思います。私が指名して、同時にその子の親にも相談します。東のときもそうでした。

「私は（東）紅花をキャプテンにしたいと思うのですが、メリノールのキャプテンはしんどいと思います。私、キャプテンに対しては相当叱ると思うんです。みんなに嫌なことを言うなんて、紅花には向いていないこともわかっています。優しい子だから、向いていないと思います。それでも私は紅花をキャプテンにしたい。指名して大丈夫ですか？」

東の親も理解してくれて、こう言います。「愛コーチがそこまで言ってくれるんだったら大丈夫です。娘はやり切れると思います」。

歴代唯一のゲームキャプテン

チームのキャプテンとは異なるゲームキャプテンに指名したのは、今のところ、黒川だけです。それは彼女が私よりもはるかに上のバスケットの感覚を持っていたからです。

もちろんその感覚だけではダメです。彼女を成長させようと思えば、周りにもっと目を配って、もっと彼女が苦しむような状況をつくらなければいけません。ありきたりな表現ですが、やはり苦しんだ先に生まれてくるものがあるからです。

試合運びがうまくいかないこともありましたし、練習試合では、コートの上にいながら、選手交代を決めさせたりもしました。先輩に「○○さんと交代です」と言わなければいけないのは苦しかったと思います。言いにくかったはずです。実際に「えっ、何で私が交代なの？」と思う上級生もいたでしょう。

だから、あえてみんなの前で、2年生になった黒川に「今日からおまえがゲームキャプテンをやりなさい」と言いました。同時に周りの子どもたちには「黒川が言ったことは私の言ったこと。いいな？」。3年生には「3年生、いいな？」と釘を刺しました。「黒川の言うことは、こいつの感覚ではあるけど、私の感覚にはない、ポイントガードとしての感覚があることをきちんと感じなさい」。

すると黒川は、より一層、頑張らないといけないわけです。今の自分のままではダメだから、自分で考えて成長していくしかありません。それができる子だと思いましたし、実際にできたと思います。

先ほども書きましたが、練習試合では選手交代だけでなく、タイムアウトの請求もコートにいる黒川に任せた時期がありました。私の感覚とは異なるので、そのタイミングも人選も異なります。疑問に思ったときは後で聞きます。「何で、あのタイミングでタイムアウトを取ったの?」「何で、あの場面であいつだったの?」。黒川も彼女なりに考えていて、「こういう理由です」としっかり答えます。「ああ、なるほどな」と納得できるときもあるし、その決断が失敗だったときは理解を示しつつも「でもな、違うんだぞ。こういうこともあるからな。おまえの感覚ではそうかもしれないし、それも悪くない。ただ、あのときはこうだったな」と話をしました。黒川も「ああ、そうか……。わかりました」と理解してくれます。

おもしろいもので、黒川くらいのレベルになると、私が「次はあの練習をやりなさい」と言うだけで、私が思っている練習がパッとできます。黒川のほかに、朝明中学校時代の高橋もそうでした。代名詞で指示するだけで練習ができたのです。

なぜかはいまだにわかりません。信頼関係なのかもしれません。「愛コーチは今、こういう練習をしたいんだろうな」と察知して、しかもそれが外れないのです。

そういうときは「コーチなんかいらないんじゃないの?」とさえ思います。それがコーチとしては一番楽だし、おもしろい。それだけでワクワクしていました。

たとえ即戦力になれなくても

マネジャーとキャプテンについて触れたので、ここからは私が子どもたちをどう見ているのか、私なりの考え方を学年ごとに記しておきたいと思います。まずは1年生です。

最初に即戦力かどうかを見ます。子どもたちとは公平に接しますが、スポーツに平等はないと思っているので、即戦力だと思えば、1年生であってもそれなりの練習をする必要があります。試合においても、さすがに32分間起用することはありませんが、少しずつ出して中学バスケットに慣れるようにしていきます。

即戦力とはいわないまでも、感覚的によいものを持っているなと思ったら、上のレベルのグループで練習をさせることもあります。たとえば、リバウンドを取りにいく感覚やパスカットに飛びだす感覚などがおもしろいなと思えば、上級生たちのグループでその子の感覚をさらに磨くわけです。

ただし、よい感覚を持っていても、まだまだ体が小さい子もいます。身体接触をすると危ないところもあるので、中学バスケットに見合う体ができるまでは下級生のグループで、ということもあります。

2023年のキャプテンだった中嶋とわは、感覚的によいものを持っていましたが、体が小さかったため、なかなか上級生のグループには入れませんでした。上級生とコンタクトでもしようものなら、ふっ飛ばされてケガをしかねません。でも中学3年間ですごく逞しくなって、3年生の全中では大会ベスト5に選ばれています。彼女は3年間で相当伸びた子です。

中嶋の話が出たので、彼女とその代について少し触れておきたいと思います。

中嶋は福岡から来た子で、お父さんは福岡の強豪ミニバスケットクラブのコーチです。彼女自身はセンスはありましたが、入学当初は体が小さすぎて、パスを飛ばす力もなく、プレッシャーをかけるとすぐによろけました。体が小さいこと以外は秀でたものを持っていましたが、体づくりに時間がかかるなというのが最初の印象でした。

当然、1年生時には主力チームで練習をさせられません。下級生のグループで、彼女の持つよい感覚をもっともっと研ぎ澄ますように練習させていました。

2年生になると主力チームのベンチには入りましたが、大事な場面を任せられるほどの力はありません。それが3年生になって、しかもキャプテンになったら、どんどん彼女のチームになっていくのです。

当初は、「今年のチームは力がないな」と思いながら練習試合を重ねていきます。どことやっても負けてしまいますし、中嶋が一人でバスケットをしているわけではありませんが、彼女自身も停滞し続けていました。

それが3年生の6月くらいから、急にグンと伸びてきました。この時期の伸びは本当に大きかったです。体ができてきて、ディフェンスでも1対1で守れるようになってきました。オフェンスでも相手のプレッシャーによろけることなく、むしろドライブでディフェンスを切っていけるようになったのです。

「あ、中嶋が伸びてきたな」。そう思う瞬間があったのですが、そのタイミングで私が「FIBAU16女子アジア選手権大会2023」に行かなければいけませんでした。2018年からU16女子日本代表のアシスタントコーチを拝命していたのです。

中嶋が伸びてきているときでもあったので、「ああ、しまった」と思いながらも、国際大会ですからこちらがどうにかできるものでもありません。中嶋を教官室に呼びました。

「おまえ、今すごくいい。すごくよくなっているのを感じている？」

「はい、感じています」

「よし、それでいい。すごくよくなっているから、この感覚をずっと維持するにはチームを生ぬるい空気にしないことだぞ。私のいない3週間、絶対にチームを生ぬるい空気にするなよ。そうしたらおまえはもっといい選手になるからな」

3週間後、チームに生ぬるい空気はなく、中嶋の感覚も落ちていませんでした。もちろん、アシスタントコーチの粟津が頑張ってくれたこともありますが、「ええやん、よしよし」と思ったら、中嶋の成長とともにチーム力まで上がっていったのです。

結果的には全中もジュニアウインターカップもベスト4です。チームがスタートした当初は、エースと呼ばれるような子もいないし、総合的にもそれだけの力はありませんでした。でも中嶋の伸びとともに、チームもグッと伸びていったのです。

先述のとおり、中嶋は1年生のときから主力チームにいられたわけではありません。2年生のときは1学年上に同じポイントガードの濱田なのがいたし、控えのポイントガードにも、今、浜松開誠館高校でプレーしている前川桃花がいたので、中嶋のプレータイムはなかなか伸びていきませんでした。本当に悔しかったと思います。

でもあの子は絶対に腐りませんでした。だから、その後、すごく伸びたのだと思います。ミニバスケットのコーチをしているお父さんにも「本当にすごいよ。あんたより偉い」と言いました。中嶋家の素晴らしいところは、それほどバスケットに精通しているお父さんでも、3年間、ただの一度も不平や不満を言ってこなかったことです。

聞いた話によると、中嶋はミニバスケット時代、相当評価が高かったそうです。だから父親としては、もっと使ってほしいという思いがあったと思うのです。でも一切言ってきませんでした。

ただ私には、1年生のときから、この子は3年間で絶対によくなるという確信みたいなものがあったし、もっとよくなってほしいと思って、新チームになるときにはキャプテンに指名したのです。すると、ポイントガードとしてもグッとレベルが上がっていきました。

なぜ、中嶋がよくなると思ったのかは、いまだによくわかりません。ただ練習への取り組み方を見ていると、嫌なこともコツコツやれるし、自分の不得意なところだけでなく、自分の好きなところも伸ばしていけそうな、そうした感覚的なところが目に付いたのだと思います。

私なりの経験かもしれませんが、1年生が上級生のグループに入れるかどうかは、練習を見ればわかります。1年生は、ケガをしやすいのです。新しい環境で張り切ってしまうので、どうしても今の自分の体に動きが追いついていかないためです。子どもたちにもよくこう言います。「練習を頑張らない子はケガもしない。頑張るからケガをするんだ。だからこそ無理をする美学は捨てなさい」。頑張りすぎるところをケアしながら、最初の1年間は過ごしていきます。

「中2病」になんてなっている暇はない

2年生になると、一般的に「中2病」と呼ばれる、中だるみの時期に入りがちです。学校生活や寮生活、通学、部活動に慣れてはきますが、3年生ほどの責任を感じるわけではありません。

だからこそ、2年生には「どんな自分になりたいの？」と改めて問うようにしています。その目標が高かろうが、低かろうが、構いません。もちろん低ければ「それでええの？」と聞くこともありますが、決めるのは子どもたちです。

自らの意志で四日市メリノール学院中学校に来たのですから、こういう自分になりたいという姿に近づくか、近づかないかは自分次第です。近づきたいならそこに向けて努力をするだけです。四日市メリノール学院中学校にいる以上、うまいか下手かではなく、どういう自分になりたいか、どういうチームになりたいかが大事だという話は常にしています。

ただし、さまざまな観点から将来性を見込める子には、2年生であっても「今年のエースはおまえだよ」とはっきり言います。「今、ここで頑張らないとダメだぞ」と。

2024年のエースは2年生の髙橋実来と安井穂香です。彼女たちにもまずはどんな選手になりたいかを聞きました。髙橋は「全中で活躍する選手になりたいです」と答えたので、こう返しました。

「いや、違う。おまえは世代を代表する選手になれる可能性がある。それだけの素質を持っているんだぞ。そう思って、これから頑張らないとダメだぞ」

能力という点で見れば、私がこれまで指導してきたなかで群を抜いて高い能力を持っています。だから世代を代表する選手になる覚悟で練習しないとダメだと、はっきり言いました。ご両親からいただいた才能を生かすも殺すも自分次第です。エースにはエースとしての自覚を持たせなければいけないのです。

今はジュニアウインターカップがありますが、昔は、1年のうちで全中が最もプライオリティが高く、3年生にとっては最後の全国大会でした。だから全中で——その予選である県大会や東海ブロック大会でも——負けたなら、1年生だろうが、2年生だろうがその日の夜に呼び出して、「おまえが来年のエースだぞ。その覚悟はあるか?」と聞きます。

「その覚悟があるんだったら、必死に頑張れ。必死について来いよ。私はおまえのことを相当叱るぞ。大丈夫か? その覚悟を決められるか?」

かつては1年生だった深津に、また、2023年は1年生だった髙橋と安井にそう話しました。髙橋には「おまえは良い選手になれる素質を持っているぞ」と言いましたし、安井には「自分の持っている（能力の）財産だけでやろうとするな。それでしかやれなかったら、この先、何も生まれないぞ」と伝えました。

その言葉の意味を、中学生であっても、深いところで理解しようとしてくれれば、彼女たちはもっと伸びていきます。

髙橋は純粋無垢で赤ちゃんのようなところがあります。日常生活を含めて純粋なのです。でも、中学バスケットとはいえ厳しい勝負の世界に飛び込んできたのですから、そこが変わってこないと良い選手にはなれないぞと話しています。「本当にそれでええの？」と聞きたくなるようなことがよくあるのです。

少し前にも初めて大きなケガをして、大号泣していました。

「おまえな、ケガをして泣けるっていうのはいいことだぞ。悔しいんだな？」

「はい……。悔しいです」

「よし、一つ成長したな。ケガする前よりも、もっともっといい状態になって戻ってこい。ケガをマイナスととらえるなよ」

そう言うと、リハビリに取り組む姿勢も変わります。

もちろん、髙橋が本当に世代を代表する選手になれるかどうかはわかりません。でも私自身はなってほしいと心から思っているし、なれると信じているのです。

深津に対しても同じように思っています。あの子にはオリンピック選手になってほしいし、なれるのではないかと思っています。そういった思いはありますが、オリンピック選手になるのは私ではありません。私は応援するだけです。

だから、どういう自分になりたいの？　なりたい自分にはどうしたらなれるの？　そういうことを、中学生のうちから言っておかなければいけないと思うのです。

「そこへ向かうには、中学のときにここまでにはなっていないと厳しいと思うよ。ちょっと遅れてない？　大丈夫？」

それほどまでに高い目標ですし、険しい道ですから。

オリンピックを目指せるだけの才能を持っている子は本当に一握りで、けっして多くはありません。それに、オリンピックがすべてでもありません。それぞれが思い描く目標があって、それに対して遅れているようであれば、同じように「遅れてない？　大丈夫？」と聞きます。

逆に先行しているようであれば、「もっともっとやれるんじゃない？　もしかしたら、自分の目標を超えられるかもしれないぜ」と言います。もし超えられたら、また新しい目標を立てればいいのです。

２０２４年の四日市メリノール学院高校のエースは太田蒼です。太田は四日市メリノール学院中学校から上がってきた子ですが、中学のときはエントリーにも入れていない子でした。優勝した2度のジュニアウインターカップでは、いずれもベンチにすら入っていません。その子が２０２３年のウインターカップ１回戦、東海大福岡高校（福岡）戦で24得点を挙げました。どこでどう伸びるかなんて、誰にもわからないのです。

ただ、今でもはっきり覚えているのは、太田が中学から高校に上がるときに、彼女にこう言ったことです。

「おまえはどこかで花開くときがあるからな。中学の『腐らない3年間』こそがおまえの最大の武器だからな。絶対にくじけるなよ。もっともっといい選手になるからな」

本当になってくれました。それくらい子どもの成長の時期はわからないのです。中学生は、体がついていかない、技術を知らない、判断力が乏しいといったことが多々あります。だから中学生のときには花を咲かせられないかもしれません。でもそれらが身についてきたら、「ほら、こんなによくなった」というケースはたくさんあるのです。

太田は２０２５年春から、私が尊敬する木村功先生のいる愛知学泉大学に進学します。これほどうれしいことはありません。

一方で、その逆もあります。高校の選択を間違えた——間違えたというとその学校には失礼ですが、私としては「どうしてそこに行ったんだろう？」——と思う子はいます。でも、それを選んだのはその子ですから、そこからどう道を切り拓いていくかはその子次第です。そのための応援は惜しみません。

そう考えたら、少なくとも四日市メリノール学院中学校の女子バスケット部では「中2病」

なんかになっている暇はないのです。

目指すのはいつも子どもたちが掲げる目標

繰り返しの話になりますが、練習中に「どんな自分になりたいの？　どんなチームになるの？　考えてみて。今の自分で、365日後にどこまで成長しているかわかる？」と聞くことがあります。

たとえば、ドリブルを1回突くにしても、それを強く突くのと、緩く突くのとでは365日後のドリブルはまったく違います。「365日後にドリブルを強く突ける子と、今と変わらないドリブルを突いている子は、プレーヤーとしてどう思う？」と聞きます。

「1年後の自分を考えてみて」と、毎日言っているような気がします。ずっと遠い未来を思わなくてもいいから、1年後の自分や半年後の自分、いや、1カ月後の自分を思い描ければ、ドリブル一つ、パス一つ、パスランの走り出しの一歩目が変わるはずです。

「たった一つ、それをするだけで365日後がまったく変わるんだよ。それを思ったときに、そのドリブルでいいの？　そのパスでいいの？　その走り出しでいいの？　365日後の自分を想像してみて」

よく目標設定が大事だといわれますが、その目標は、何もずっと先の大人になったときのことでなくてもいいのです。1年後でもいいし、1カ月後でもいい。近い未来を思い描いたうえで今の自分を振り返れば、その差は見えてきます。

そういうときに具体例を出すこともあります。

「おまえがそうだったよな。入ってきたときはヒョロヒョロしたパスしか出せんかったよ。でもおまえは真面目に練習していたもんな。私、見てたよ。だから今、こんなに強いパスが出せるようになったんだよな。いや、バスケットはまだまだ下手だよ。でも1年前とは全然違うよ。こんなことまでできるようになったんだぜ」

四日市メリノール学院中学校の主力チームはおろか、ネイビーのゲームにも絡めない子でも、すごく一生懸命な子どもはいます。そういう子の努力は絶対に認めてあげたいし、みんなにも伝えてあげたいのです。

「こいつは、こんなにも頑張っているんだぜ。試合に出る、出ないってそんなに大事か？こんなに頑張れるのだから、それも一つの結果だろ？」

せっかく自分で覚悟を決めて、四日市メリノール学院中学校に来たのだから、その3年間で自分がどこまで成長できたかのほうが、試合に出る・出ない、勝つ・負けるよりもずっと重要だと思います。

「どうしたら強いチームをつくれますか？」とよく聞かれるのですが、私は別に強いチームをつくろうと思って、子どもたちを指導しているわけではありません。ただ子どもたちが全国優勝を目標に掲げるから、私もその目標が達成できたらうれしいなと思って指導しているのです。達成できたらうれしいと思うし、よかったなとも思います。こんなに頑張ってくれてありがとうとも思います。でもそれだけです。

前にも書きましたが、私はバスケットでの目標を達成したい子どもたちの〝辞書〟にすぎません。どうぞ、たくさん使ってくださいという感じです。

子どもたちが、「いやいや、私たちの代で全国優勝は無理じゃない？　とりあえず全中出場を目標にしよう」と話し合ったとしても、私の指導は変わらないと思います。目標が全国制覇だろうと、全中出場だろうと、私が教える内容はおそらく変わらないでしょう。内容の突き詰め方も変わりません。

なぜなら、教えられることを教えてあげないのは子どもたちに失礼だからです。

全中出場が目標で、それを達成したときは「目標の全中に出場できてよかったな」と言って、「さあ、次はどうする？　全中の予選リーグで1回勝つことを目指す？　予選リーグを2勝して、決勝トーナメントを目指す？」と、子どもたちにまた目標設定をうながすでしょう。そうすると子どもたちもその気になって、もう少し上を目指すようになりますし、そこに向けての努力をしていくと思うのです。

勝っても負けても、最後までやり抜く

4月になれば、3年生は、泣いても笑っても卒業まで1年を切ります。中学生活最後の1

年が、自分たちが求めている姿で終われるかどうかだと思っています。

何度もしつこいようですが、私自身は、勝っても負けてもどちらでもいいのです。ただ子どもたちには中学バスケットをやり抜いて終わってほしいのです。

こんな笑い話があります。山田と高橋の代のことです。全中の決勝トーナメント1回戦で高見中学校に負けるのですが、私としてはすごくいい試合をしてくれたので、満足していました。山田は号泣です。「泣かんでいいやん。ナイスゲームやったら、泣かんでいい」。そう言ったら、山田が泣いているのか、笑っているのかわからないような顔をするのです。

最後のチームミーティングをしました。そこで「結果は1回戦で負けたけど、私にとってはもう日本一と同じ。本当に日本一いいゲームをありがとう。おまえらとのバスケットは楽しかった」と言いました。

すると子どもたちがいきなり、ワーッと大喜びし始めました。何だ、この大喜びは……。さっきまで号泣していた山田も喜んでいます。「何？　あれ、何かおかしいことを言った？」と聞いたら、一人の子が言いました。

「愛コーチ、日本一になったらディズニーランドに行こうぜって言っていましたよね？」

「ああ、言ったね。確かに、日本一になったら一緒に行こうなって」

「だったら、これ、ディズニーランドですよね？　だって今、愛コーチが『日本一』って言ったもん」

それでいいと思います。勝っても負けても自分たちが日本一最高にバスケットを楽しめたらいいのです。それが朝明中学校の女子バスケット部だったし、四日市メリノール学院中学校の女子バスケット部です。実際、その年の12月にみんなでディズニーランドに行きました。

2021年1月に行われた第1回のジュニアウインターカップ。その決勝は延長戦で勝って優勝しました。そのときの私は、もう一回、延長戦をしたいと思っていたほどです。

第4クォーターを同点で終えたときも、「やった、延長戦だ。まだこの子たちとバスケットができる。めっちゃうれしい」。そんな表情で、そんなことを口にしたのでしょう。子どもたちは「えっ、愛コーチ、何言っているの?」みたいな顔をしています。黒川が「もうちょっと、あとちょっと頑張ろう」と言ってくれて、その場がもう一度引き締まりました。私はうれしくて仕方がなかったのです。大好きな子どもたちと、楽しいバスケットが、少なくともあと3分はできるのですから。

延長戦に入って、残り1分半くらいで、相手チームがタイムアウトを取りました。黒川のアシストで東が3ポイントシュートを決めて、四日市メリノール学院中学校が3点抜け出したときです。疲労もあって、東は半分足を攣った状態でヒョコヒョコとベンチに戻ってきます。

今だから言えますが、そのときでさえ、私はもう一回延長戦でもいいと思っていたのです。この子たちともうちょっとバスケットをしたい。その思いを察知した黒川が、しかし今度はさすがに「勘弁してくださいよ」みたいな顔をするのです。「ああ、ごめん。そうだよね。さすがにしんどいよね」と、独《ひと》り言《ご》ちていました。

次の年に深津たちがジュニアウインターカップを連覇します。そのときも私は楽しかったです。あのとき四日市メリノール学院中学校の何が日本一だったかといえば、日本一楽しんでバスケットをやれたことです。

その翌年のジュニアウインターカップでは、準決勝で大阪薫英女学院中学校に負けます。市川藤乃先生（大阪桐蔭高校女子バスケットボール部コーチ）が同校の指揮を執る最後の大会でした。市川先生は妹のような存在で、今も仲良くしています。試合には負けましたが、お互いが力を出し尽くしたのですから、その試合もすごく楽しかったです。

とにかく、子どもたちには――とりわけ、中学バスケットが最後になる3年生には――、勝っても負けてもすっきりした顔でバスケットをやらせてあげたい。いい表情で中学バスケットを終わらせてあげたいのです。それが私の最大のミッションだと思っています。

保護者がいてこそのチーム

中学生――2022年からは高校生も――のチームですから、それを築くうえでは保護者との関係性も大切になってきます。

なかには、「こんなはずではなかった」「何でうちの子を使ってくれないんだ」と悔しい思いを抱いている保護者の方も絶対にいるはずです。

でもそうした不平や不満は、私には伝わってきません。おそらく保護者会の会長さんが私の耳に入らないように配慮をしてくださっているのだと思います。保護者会については、私は関与していないので詳しいことはわかりませんが、少なくとも保護者会を通じて何かマイナスなことを言われたことはありません。

むしろ保護者の方々は、それも試合に出ていない子どもの保護者を含めて、「愛コーチがここまでしてくれているのだから、私たち保護者ももっと頑張らないと」と言ってくださいます。

子どもたちのように、毎日コミュニケーションが取れるわけではありません。たまに練習や練習試合を見にきても「また娘が（私に）叱られとったで」といった話で終わることもあります。

本当にさまざまな保護者の方々がいらっしゃるので、だからこそ、気をつけていることがあります。

特に試合に出ている子どもの保護者には、「試合に出ていない子に目を配ってあげてほしい」と伝えています。試合に出ている子はもちろん、ユニフォームを着られている子も、それだけでよい思いをしています。ですから、練習試合を見にきて我が子の写真を撮っている方には、昼休みに行う経験の浅い子たちのゲームのときに「この子たちの写真もたくさん撮ってあげて」と言います。喜んで撮ってくださいますし、そうすることでチームだけでなく、保護者との一体感も強まる気がします。

朝明中学校のときは、今以上に保護者との一体感が強かったように思います。そもそも部員数が少なかったですし、平野のお母さんに至ってはちゃきちゃきしていてリーダーシップもある方でしたから、揉《も》めることなんていっさいありませんでした。

朝明中学校も、四日市メリノール学院中学校も、保護者あってのチームだと思っています。もちろん子どもがいるからこそのチームですが、保護者がいなければチームは成り立ちません。だから子どもたちには「親に感謝してほしい」と、いつも言っています。

特に四日市メリノール学院中学校は私立の学校ですから、学費もけっして安くはありません。通学に2時間かけている子もいます。2時間かかるということは、たとえば子どもが5時半に起きるなら、親は4時半に起きて、朝ごはんとお弁当をつくって送り出さなければいけないわけです。

子どもたちには「その思いがわかるか？」とよく言います。私も親ですから、子を持つ親の気持ちはわかります。ただただ我が子に頑張ってほしい、我が子に充実した中学校生活を過ごしてほしいという思いだけで、子どもを送り出しています。

その一点だけでも親への感謝は大事です。恩着せがましくすべてにおいて「親に感謝しなさい」とは言いませんが、朝早くに起きて送り出してくれることだけでも、「すごくありがたいことなんだぞ」とよく言います。

それでも、事あるごとに手を抜く子、どこかで諦めてしまう子は出てきます。そのときは懇々《こんこん》と諭します。

「おまえのために、おまえがここに通う時間をつくるために、親がどれだけ頑張って働いてくれているか。それを考えなさい。働くことがどれくらい大変か、わからんだろ？　でも絶対にわからないとダメなんだよ。ここにいられることは、当たり前じゃないんだぞ」

つい先日も「何でこんなにだらしがないの？」と思うことがあって、こう言いました。

「親がこれだけ頑張ってくれていると思ったら、私に今、叱られている時間がもったいなくない？　親がしてくれていることは、すごくありがたいんだぜ」

少し恩着せがましいでしょうか。

それでもやはり、子どもたちには、もっともっと親に感謝の心を持ってほしいし、そのことを絶対に忘れてほしくないのです。

だから年に1回、ゴールデンウィークにバーベキューをします。午前中に保護者会を開いて私の思いを伝え、保護者同士の取り決めなどを話し合います。その間、子どもたちは屋外トレーニングをして、その後、バーベキューへとなだれ込みます。中学、高校の合同開催です。全国からやって来ているので、やはり子どもたちも親が来てくれるとうれしいのでしょう。

そこで感謝の気持ちを伝えてくれたらいいのですが、実際は、恥ずかしさもあってなかなか伝えられないようです。その分、最後の卒部式では、親にきちんと感謝の気持ちを伝えなさいと言っています。

ネガティブかつポジティブだからこそ成長していく

勝負の世界ですから、勝つこともあれば、負けることもあります。勝ち負けはどちらでもいいと言いながらも、負けたときの反省はしっかり自分自身に向けています。２０２３年の香川全中の準決勝、三股中学校戦は第４クォーターに失速して、逆転負けをしました。なぜ失速してしまったのかについては、今も考えます。レイアップシュートを外したときに、もう少し違う声かけができなかったか。もう少しプラスの声かけがあったのではないか。ネガティブなことを言ったわけではないけれど、ほかに何か言いようがあったのではないかと、自問するのです。

選手起用についても同じことがいえます。もう少しこうしてあげればよかったのではないか。もう少し子どもたちにすっきりした顔でプレーさせられたらよかった。そのためにはどうしたらよかったのだろうかと、ずっと考えます。

勝ったときにも後悔はあります。なぜこんな内容の悪いゲームをしてしまったのか。その原因は何だったのだろう？　と思います。反省が一つもなかったなら、それは本当のベストゲームです。「もう一つ延長戦をしたい」と思った、第1回ジュニアウインターカップの決勝戦と、その翌年の深津たちの代のジュニアウインターカップの決勝戦の2つが、私のなかでは近年のベストゲームです。それ以外でも数えるほどしかありません。

その2つのベストゲームをした翌年の夏、太田妃優がキャプテンを務めた代の全中は、反省だらけでした。2022年の北海道全中です。樟蔭《しょういん》中学校を振り切って、2点差で優勝するのですが、決勝戦には反省しか残っていません。帰りの飛行機のなかでは、どうしてこんなゲームになってしまったのかと、ずっと考えていました。

修正点を見つけて、子どもたちにも「ジュニアウインターカップまでにそこをしっかり修正しよう。そうしたら、もう一つ強いチームになれるぞ」と伝えました。その言葉に応えるかのように、子どもたちも頑張ってくれました。結果としてジュニアウインターカップでは大阪薫英女学院中学校に負けて、準決勝敗退でしたが、夏以降の頑張りは本物だったと思います。

それでも負けたのには、大阪薫英女学院中学校の意地があったように思います。彼女たちは、北海道全中の準決勝で、同じ大阪の樟蔭中学校に負けて悔しい思いをしていたのです。それを取り戻そうと、大阪薫英女学院中学校の子どもたちもまた反省と修正を重ねていました。その気持ちを、私たちの反省が上回れなかったのだと思います。

四日市メリノール学院中学校の子どもたちにもプレッシャーがあったでしょう。優勝すれば「ジュニアウインターカップ3連覇」です。しかも彼女たちは入学して以来、公式戦で負けたことがありませんでした。余計に、どこかで勝たなければいけないという思いが重くのしかかっていたようにも思います。もっと楽にプレーをさせてあげることはできなかったのかと、申し訳ない思いが私に反省をうながします。

そうした思いは、朝明中学校のときと変わりません。

2013年の浜松全中の準決勝で若水中学校と対戦し、その試合を乗り越えて、初の全中決勝戦まで進みました。その若水中学校とは東海ブロック大会の準決勝でも対戦しています。粟津が馬瓜ステファニーと互角に渡り合い、平野がブザービーターを決めて延長戦にもつれ込みますが、そこで負けました。しかしそれも、私のなかではベストゲームの一つです。何が足りなかったのだろうかと考えましたが、子どもたちは申し分なく力を出し切ってくれました。

その若水中学校と全中の準決勝でもう一度対戦することになり、そのゲームもまた朝明中学校時代のベストゲームでした。もうこれ以上ないと思えるゲームで、本当に楽しかったです。

その準決勝を「楽しかった」と思ってしまったことが、次の決勝戦の敗因なのかもしれません。かもしれないというのは、今もその答えはわからないからです。でもわからないから、おもしろいのです。すべてがはっきりわかったら、おもしろくありません。敗因がすぐにはわからないからこそ指導者は考えるし、考えるからこそ次があります。そして、次があるからおもしろいのです。おそらく私はネガティブでありながら、同時にポジティブでもあるのだと思います。

アシスタントコーチの重要性

四日市メリノール学院中学校に移ってからの最初の2年間は、私一人で指導していました。3年目からアシスタントコーチをつけています。

初代アシスタントコーチは、私が朝明中学校のコーチとして初めて出た新潟全中のときの1年生で、3年生のときにも広島全中に出た、あの高橋です。今は2代目、3代目となる栗津と、福岡大学付属若葉高校で結乃の1学年後輩にあたる中村愛結がアシスタントコーチをしてくれています。

部員数が多くなると、私一人では目の行き届かないところがあります。たとえば私が叱ったとき、シュンとしてしまう子も出てきます。そのときにアシスタントコーチが「いや、今のあんたはこうでしょ。だから愛コーチはこういうふうに言ってくれたんだよ。こんなふうに見られているのだから、今が頑張りどころだよ」とフォローしてくれます。すると子どもたちも、私よりも年齢が近い分、聞き入れやすく、立ち直りやすくもなります。

私だってそうしたアシストをするときがあります。ほかの高校に進学した子がくじけそうになると相談してくるのです。そういうときに「いや、（高校の）先生は、おまえのことをこんなふうに思ってくれてんだよ。今が頑張るときじゃないの？」と言うと、その子も前を向くようになります。

　バスケットでのサポートはもちろんですが、それ以上に、子どもたちの気持ちに寄り添うところで、アシスタントコーチがいてくれるとすごく助かります。ありがたい存在です。

最初のアシスタントコーチだった高橋には、彼女が大学3年生のときに私から電話をしました。

「就職活動はどうなってんのや？」

「しています」

「そうか。でも今すぐ就活はやめてもええぞ」

「え？」

「うちでアシスタントコーチをやってくれへん？」

「自分でいいんですか？」

「おまえ以外おらんやないか。頼むわ。返事はゆっくりでええからな」

　その後すぐに「就活、やめます」と電話がかかってきました。そしてアシスタントコーチになってくれたのです。その高橋が結婚して、出産することになったタイミングで栗津に声をかけました。当時は東京羽田ヴィッキーズでプレーしていたので、「いつまでやるんや？」

と聞いて、「引退したら、私を手伝ってくれない？」と。

栗津は現役時代もオフシーズンになると、しょっちゅう来てくれていたのです。子どもたちへの教え方も上手です。もともとスター選手ではないし、何でも器用にできる選手でもありません。朝明中学校を卒業して、桜花学園高校に進み、試合には出してもらえていましたが、けっして能力の高い子ではありませんでした。コツコツ努力をして、桜花学園高校でスタメンの座を勝ち取った子ですから、うまくできない子どもの気持ちがわかるのでしょう。

桜花学園高校を卒業後はデンソーアイリスに入りますが、ケガもあって一度引退します。そして愛知学泉大学の短期大学に入って、木村先生の下でバスケットをします。さまざまな経験を積んでいるため、技術の教え方も上手です。

現役時代に来てくれたとき、Wリーグの選手だ、すごい、すごいと言って、栗津に近寄ってくる子どもたちに、私はよく言っていました。

「それは違うぞ。こいつ（栗津）が初めからWリーグでできるような選手だったと思うなよ。こいつがすごいのは、Wリーグでプレーする才能を持っていたことじゃなくて、スポンジのような吸収力があったことなんだぞ」

その言葉が響いたのが、深津であり――彼女の場合は、彼女のお姉さんが栗津と一緒に愛知学泉大学で一緒にプレーしていたことも要因かもしれませんが――、四日市メリノール学院中学校から桜花学園高校を経て、現在、日本経済大学に進学した大久保陽菜です。

アシスタントコーチという立場から著者を支える粟津雪乃（中央）と中村愛結（右）。「バスケットのサポートはもちろんですが、それ以上に、子どもたちの気持ちに寄り添うところで、すごく助かります」

中村は、先述のとおり、結乃の一学年後輩です。福岡大学附属若葉高校の練習を見に行ったとき、献身的にプレーするその姿に感心しました。たまたま結乃と一緒に教育実習に来て――結乃は大学を1年休学し留学していたので、後輩の中村と同じタイミングでの教育実習になったのです――、そこで声をかけました。「愛結は教員に向いているよ。うちに来て手伝ってくれるとありがたい」。

栗津も中村も選手時代にひざの前十字靭帯断裂という大ケガを乗り越えています。そうした苦しみやつらさを知っているからこそ、子どもたちの痛みもわかるのでしょう。

やはり私とは異なる経験を積んでいる大人の存在は、私にとっても、子どもたちにとっても、大きな刺激になります。ただ、アシスタントコーチは難しい立場だと思うのです。私以上に子どもたちに公平な目を向けて接しなければいけません。そのうえで、私とは異なるアプローチもしなければいけないのですから。

今は、私と2人のアシスタントコーチ、合わせて3人の大人で子どもたちを見られるのが本当によいことだと思っています。しかも、誰がどのカテゴリーを担当するといった固定もしていません。3人で中高合わせて約90人の部員を見ています。固定すると、子どもたちもその人の前でだけ取り繕えばいいと思ってしまいますが、3人に見られていると思えば気が抜けません。

それに、中学校のいわゆる主力、ネイビー、経験の浅い子たち、そして高校と、どのカテゴリーも大事ですから、みんなの目で見たほうがいいと思うのです。そして、それぞれが見た情報を共有することで、それがその後のチームづくりに反映されていきます。

アシスタントコーチは、チーム――とりわけ中高生のチーム――をつくるうえでは、欠かせない存在です。実際、私にとってもとても大きな力になってくれていて、感謝しかありません。

身長の高さは武器だが、時間がかかる

バスケットボールというスポーツは、身長の高さが一つの長所になりえます。ただし、身長の高い子に教えるのは、とんでもなく時間がかかります。粟津も、本当に時間がかかりました。

彼女たちには、周りの子たちとは異なる練習メニューをさせています。

たとえばリング下のシュートから始まって、ケガが怖いので、足の使い方や体の使い方をしっかりと練習させます。高校生の身長の大きい子と一緒にして、別メニューで練習することもあります。

もちろんずっと別メニューではありません。30分くらいでしょうか。最近はアシスタントコーチの粟津に、身長の大きい子に必要なことを教えさせたりしています。

昔は、センターはゴール近辺だけの技術を身につければよいという考え方もあったようです。しかし近年は身長の大きい子にも、将来を考えると、中学生のうちからいろいろなこと

を教えておかなければなりません。その点においても、多くの経験を積んでいる栗津の存在は大きいといえます。

栗津が入ってくる前は、私が身長の大きい子を教えていました。192センチの福王伶奈がいたときは、彼女にも3ポイントシュートを打たせていました。第1回ジュニアウインターカップでは、左のドライブからバックシュートにもチャレンジしています。

身長の大きい子にも、いや、身長の大きい子だからこそ、いろいろなことを身につけさせることが必要なのです。

チーム練習のなかでは、わざと身長の小さい子と1対1をさせて、スピードに慣れさせることもしています。すぐについていくことはできませんが、時間がかかる分、まずは感覚を養うところから始めているのです。

そのときに「もっと先回りをして守りなさい」と言っておくと、本人は先回りしていたつもりでも、自分の感覚と結果が合致していないとわかります。もう少し先に行ったほうがいいんだなと考えながら、少しずつ感覚を身につけていきます。

もちろん、どうすれば先回りができるのか、そのための体の使い方はどうすべきかといったポイントは、ファンダメンタルとして事前に教えておく必要があります。まずはスライドステップで守る。それで間に合わないのであれば、クロスステップを使う。それでもダメならランニングステップを使うなどです。まずは子どもたちができるように、それらのステップを教えておかなければいけません。そのうえで、感覚を養っていくわけです。

頭では理解していても、体が反射的に必要な動きをできないこともあります。特に身長の大きい子は手足も長いので、動きが遅れてしまうこともあります。ですから、教えた後はその動きに馴染むまで、細かく指摘せずに見守っています。

ただし、習慣化してしまいそうなこと――たとえば、リバウンドで取ったボールをお腹の前あたりまで下げてしまうと、相手に奪われることがあるのでボールを下げるな、といったこと――は細かく指摘します。感覚的なものと、習慣化されるものは分けて考える必要があるのです。

バスケットは「ハビットスポーツ」です。「習慣のスポーツ」という意味ですが、こういう習慣をつけるとよくないということは、中学生のうちにしっかり指摘しておきます。大人になってから修正するのでは、余計に時間がかかってしまうからです。

崖っぷちでも踏ん張る力を養う

日本一を目指している中学生であっても、まだまだ発展途上の子どもです。未熟なところは多く、チームのルールだけでなく、校則を破る子もいます。そういうときはその子、あるいはその子たちを叱ることもあります。そのうえで、周りの子どもたちにもチームとしてどう対処するかを、考えてもらうようにします。

たいていの場合は違反した子が謝って、「よし、もう一回、みんなで頑張ろうぜ」となるのですが、ごく稀に、そうした失敗を繰り返してしまう子もいます。たいしたことではないだろうと、高を括ってしまうのかもしれません。

そうなると中学生だけでは処理ができなくなります。一度目は子どもたちなりに処理したのに、再び裏切られるわけですから「何で？　どうしてそうなるの？」と、混乱してもおかしくないのです。

しかも、そういった同じ過ちを繰り返す子が、バスケットの能力の高い子であった場合、周りの子は余計に納得がいきません。「もう許せない」となります。その気持ちは、私にも痛いほどわかります。私自身も裏切られるのですから、穏やかではいられません。

大人の私からすると、それでも許してあげなければいけないと思うのです。どんな子どもであれ、まだまだ先があり、ここから成長していきます。過ちを繰り返したとしても、「1ミリでいいから成長してくれよ」と願うわけです。極端な言い方をすれば、子どもたちが大好きなバスケットも、失敗をしなければうまくはならないのです。失敗は成長の原点です。

許せないという子どもたちの気持ちはわかります。そんなときは「人はみんな多かれ少なかれ、そうした過ちを犯すのだから、そこをどう許して、どう支えていくかが大事なんだぜ。見捨てちゃダメなんだぜ」という話をします。

それでもまた裏切る子がいます。しかも本人が言っていることと、周りから聞いている話が食い違って、こちらまで混乱してしまうこともあります。

そこでまた子どもたちで話し合いなさいと言うと「1」対「多数」になってしまい、数が力になりえます。それも圧倒的な力になってしまいます。

「それはよくない。周囲から見たら、それが『いじめ』と受け取られかねないから、そうなりそうだったら、私でも誰でもいいから大人を呼びなさい。間に入って、話を聞いてやるから。おまえたちが言いすぎていると思ったら止めるし、そいつがダメだと思ったら、私たちが『周りの子たちはこんなにまでおまえのことを思って言ってくれているんだぞ』と言ってやる。だから『1』対『多数』になるのはやめなさい」

4月になれば、3年生にとっては最後の全中まで4カ月です。やる気も十分にみなぎっていますし、ここからスパートをかけていかないと夏までに間に合わないという思いもあります。その流れに乗らず、むしろ流れをせき止めようとする子がいると難しくなります。

特に四日市メリノール学院中学校は、うまい下手に関係なく、みんなで戦おうと言っているチームです。事あるごとに伝えていることを理解できないのなら、周りの子たちが「どうしてメリノールに入ってきたの？」と思ってもおかしくないのです。

映画のセリフではありませんが、事件は現場で起きています。

そこで切り捨てるのは簡単ですが、切り捨てることはしません。そこで切り捨てては、何も残りませんから。その子も絶対に後悔するし、たとえ崖っぷちであっても、何とか踏みとどまる力、踏ん張る力を身につけさせてあげたいのです。

いいところも悪いところも認める

そろそろ指導歴が20年になりますが、その間、子どもたちに反抗されたことはありません。しかし、思春期ですから「何で私ばっかり?」と不貞腐れた子はいます。そういう子は教官室に呼んで、「あのさ、おまえ、あんな態度を取って、周りがどう思う?」という話をして、少しずつ溝を埋めていきました。

けっして反抗的な態度を取る子ではありませんでしたが、じつは深津も、当初は少し手のかかる子でした。とはいえ、ルールを破るわけではありません。彼女の場合は感情表現が豊かすぎて、思いが表に溢れ出てくる子だったのです。

私は深津のようにバスケットに真剣で、その思いが溢れ出してしまう子が、けっして嫌いではありません。だから、あまりにも気持ちが溢れ出て、ほかの子どもたちが持て余してしまうようなとき、彼女に伝えました。

「おまえのそういう姿勢は嫌いじゃないぞ。それどころか、それくらい真剣にバスケットに向き合っているおまえをすごいと思う。でもな、みんながみんな、おまえのようにはできないし、みんながみんな、おまえと同じような気持ちでバスケットをやっているわけじゃないぞ。その距離を少しずつ縮めていけばいい。そういう子たちとも一緒に、みんなで頑張れる力をおまえはメリノールでつけていこうな」

同時にほかの子どもたちにも言いました。

「おまえたちの気持ちもわかる。わかるけど、深津があそこまで真剣にやっている姿は、おまえらも認めるよな？　誰よりもルーズボールを追いかけて、誰よりもリバウンドを取りにいっていることは認めるよな？」

「認めます」

「だったら、自分たちも深津に負けないくらいバスケットに向き合って、やりきろうぜ。そして、何で深津が苦しむのか、おまえらも考えようぜ。深津をおだてるということではないぞ。どうすれば、それができるか考えよう」

子どもたちは、それぞれの立場や行動、考え方を理解してチームになっていくわけです。チームの一員としてお互いがお互いを認め合えるようになるのです。

それはやはり、いろいろな子どもたちが集まってくるからです。いいところばかりではないし、悪いところばかりでもありません。でもいいところはいいと認めて、悪いところもみんなで共有したらいいのです。

どうしたら悪いところを改善できるかといえば、私は、いいところに目を向けることだと思っています。悪いところを直そうとするよりも――もちろんそれをしなければいけないときもありますが――いいところを伸ばしていけば、必然的にいいところの割合が増えて、悪いところが目立たなくなります。当の本人は、その悪いところにもいつか気づくときがくると思うのです。

本当にいろいろな子どもがいて、ややこしいなと感じる子もいますが、中学生はちょっとしたことで大きく変わります。その変わりよう、成長ぶりが本当におもしろいのです。

第５章

中学生だからこそ

現代では効率が大事だといわれます。コスパ（コストパフォーマンス）だけでなく、タイパ（タイムパフォーマンス）を重視する若い人もいるようですが、じつは、非効率で手間をかけることによって育つものもあると思います。非効率でも、手間暇をかけることで、子どもたちに伝わるところがあるのではないか。そこを簡素化することは、少なくとも私にはできません。私自身も、子どもたちにバスケを教えるうえで、すごく手間をかけています。

情報化時代に伝統をつないでいく難しさ

この章では、もっと大きな視点で中学バスケットについてまとめてみたいと思います。「中学バスケット」とは、その言葉どおり、中学生が行うバスケットを意味します。中学バスケットの指導においては、これまでのエピソードでもわかるとおり、子どもたちの成長に感動することもあれば、そんな幼いことをしてしまうのかと思うこともたくさんあります。ここでは、話の流れで入れられなかったエピソードや私の思いを紹介したいと思います。それらもまた、四日市メリノール学院中学校女子バスケット部を形成していくうえで、必要不可欠なことです。

私が中学生の指導を始めた2006年当時は、まだスマートフォンが普及しておらず、いわゆるガラケーが使われていました。それが20年も経たないうちに、中学生でもスマートフォンを持つ時代になりました。四日市メリノール学院中学校・高校の子は、校内でスマートフォンを使うことは禁止されていますが、遠方から来る子もいるので、親と連絡を取るためにスマートフォンを持っています。

時代が変われば、子どもたちの資質も変わってきます。本質的なところは変わらなくても、やはり変わってきているところもあるので、子どもたちへのアプローチの仕方も、指導を始めたころとは変わったと思います。

以前であれば、こう言えば伝わっていたということが、今の子どもたちには伝わらないことが多々あります。だから言葉を少しかみ砕いて伝えます。それでも伝わらなければ、さらにかみ砕いてという繰り返しです。

しかも伝えたことが、なかなか広がっていきません。過去と比べてしまうのは私が年齢を重ねたからかもしれませんが、それでも大切なことは受け継がれてほしいと思います。

たとえば、伝えるべきことがあれば、かつてはまず子どもたち全体に伝えていました。すると、少なくとも上級生は理解ができます。その上級生が下級生に「こうでしょ」と伝えることで、さらに広く伝わっていきます。ところが、今はそうではありません。上級生が「わかりました」と言っても、それが下級生まで下りていかないのです。

「こうやって下級生に教えるんだよ」と上級生に教えて、ようやくそれが下級生に伝わり始めたころには、上級生は卒業します。高校に上がって、また一からやり直し。年々、そうしたことへの理解力は低下しているように感じます。これは女子バスケット部に限らず、子どもたち全体にいえることです。

ですから、「伝統を築いていく」といった作業がとても難しくなってきています。みんなが個々に物事を考えるからです。だから、はっきりこう言います。

「いや、そうじゃないんだよ。個々でやるのは個人競技。私たちはチームとして活動しているんだから、チームみんなでこの情報を共有したいんだよ。私がいちいち60人全員に、一人ずつ言わないといかんの？　違うでしょ？　できていない子がいたら教えてあげる。伝える。伝わらないんだったら、伝わるように言う。伝えてもらった子は、そのことに感謝して、理解する努力をしよう。そういう関係を四日市メリノール学院中学でつくっていこうよ」

そうした作業で1年が経過します。そして新入生が入ってきて、また同じことを繰り返しています。

それがスムーズにできるかどうかは、やはり子どもたちの気づきの力です。

栗津雪乃たちの代は、私が一言いえばみんなに伝わりました。でも今の子たちに同じ一言を投げかけても、それが波及していくことはありません。アシスタントコーチになった栗津にはそれが歯がゆいのでしょう。子どもたちの横で私の最初の一言を聞いていて、「自分たちは愛コーチのあの言葉でわかったのに」とボヤき、「それだと今の子たちには伝わらないんだよ」と言うと、驚いています。

栗津には、なぜ伝わらないのかがわからなかったようです。彼女たちの代は、自分たちで気づかなきゃ、気づかなきゃと思いながら行動していたからです。でも今の子どもたちは、与えられた情報だけがすべてで、そこから派生していくことはありません。私の話と自分たちの行動がつながるという感覚がどこか希薄なのだと思います。その感覚を養わせてあげたいので、「こうなったら、こうなることがわからない？」と言って、ようやくつながるようです。

スマートフォンの普及で情報はたくさん入ってきますが、そこで思考が止まってしまう子が多いのでしょう。おそらく彼女たちは辞書を引く習慣がないのだと思います。「コーチは辞書だ」と書きましたが、実際の辞書を使ったことがあまりないのかもしれません。困ったら、ググれば（検索サイトのグーグルで調べれば）いい。すぐに答えが出て、それで終わりです。頭に刺激が与えられないし、そもそもそこまでの知的好奇心がないのかもしれません。

辞書を引くのは手間がかかります。グーグルに比べたら効率も悪いでしょう。でも手間がかかった分、記憶にも残りやすいと思うのです。同じ情報でも、そこに至る過程で記憶の容量が異なるはずです。

現代では効率が大事だといわれます。コスパ（コストパフォーマンス）だけでなく、タイパ（タイムパフォーマンス）を重視する若い人もいるようですが、じつは、非効率で手間をかけることによって育つものもあると思います。非効率でも、手間暇をかけることで、子どもたちに伝わるところがあるのではないか。そこを簡素化することは、少なくとも私にはできません。私自身も、子どもたちにバスケットを教えるうえで、すごく手間をかけています。手間をかけた分だけかわいいのは、子育てと同じです。

中学生だからこそ手間をかける

結局のところ、私は子どもたちがかわいいのだと思います。手間をかけたから、その分か

わいくなります。その逆もまた然り。子どもたちがかわいいと思うからこそ、手間をかけたくなるのです

それは朝明中学校を指導し始めた2006年から一貫して変わりません。1期生を見たとき、失礼ながら「おまえらは全中レベルじゃないやろ」と思いました。それでも「全中に出たいです」と言った、あのときの子どもたちのキラキラした目は一生忘れません。

「表情の悪い選手はダメだ」とよく言います。だからこそ、今の子どもたちは、どれだけあのときの子どもたちと同じ表情、同じ目の輝きでバスケットをやれているのだろうかと思います。単に親に言われたから四日市メリノール学院中学校に来たのではないかと思ってしまうこともあるのです。

入学前にも、「親に言われたからではなく、自分が、どうしても四日市メリノール学院中学でバスケットをしたいという思いがないと、ここでは無理だよ」という話はしています。それに対して「わかりました。大丈夫です」と答えるとき、本当に大丈夫かなと思う子もなかにはいるのです。面接のときの表情を見てもそう思いますし、親の顔をチラチラ見ながら話していると、大丈夫かな、この子？　と思ってしまいます。

幼いキャリアと思いの丈をこれでもかとぶつけてくる子に対しても、同じように思います。そんなに自信を持って来られても、相当厳しい世界だけど大丈夫かなと。

それでも入部してきたのなら、その子たちが1日のなかで少しでも成長したと感じる瞬間

「非効率でも、手間暇をかけることで、子どもたちにも伝わるところがあるのではないか。そこを簡素化することは、少なくとも私にはできません」

を持たせてあげたい。だから毎日同じ練習をすることもあります。同じ練習をして「おっ、おまえ、これができるようになったな」と言ってあげたいのです。月に1回くらい、チーム内でゲームをするのもそのためです。そのときは、60人の子どもたちのよくなったところと、これからの課題を、必ず一つずつ紙に書いて渡しています。

子どもは褒められるとうれしいものです。いや、子どもに限らず、大人もそうです。私だって、いまだに恩師の山川正治先生に褒められるとうれしいのです。たまに、山川先生に認められたいから私はコーチをしているのではないかと思うほど、人は褒められるとうれしいものです。誰にでもいいところは必ずあるので、それを探してあげたいと思っています。

チーム内で問題が起こったときに言ったことがあります。

「おまえら、こいつの嫌なところばかりに目が向いていないか？　ムカついているおまえたちの気持ちはわかる。でももうちょっと、こいつのいいところも探してやれよ。あるだろ？」

「あります」と言うから、じゃ、それを紙に書いて持ってきなさいと、書かせたこともあります。そして、問題を起こした子にも言います。

「おまえ、こんなふうに周りから見てもらっているんだぞ。それなのに、どうしておまえはみんなの思いを裏切っちゃうの？」

それでも同じような過ちを犯してしまうのが中学生ですし、子どもです。だから指導者は、それでも許すところまで持っていかなければいけないと思っています。子どもは失敗を繰り返すものです。

もしかすると、３年間、チームメイトとして寄り添って、寄り添って、それでも変わらないこともあるでしょう。別々の高校に進んで、付き合いがなくなるかもしれません。それはわからないし、子どもたちの世界の話だから、私たち大人が首を突っ込むところではないと思っています。

世の中にはさまざまな人がいて、合う、合わないはあります。合わないからといって拒絶するのは、絶対に違うと思います。たとえば、会社の上司と合わないから、すぐに会社を辞めるかといえば違うでしょう？　違う部署に異動して、自分に合ったよい上司に巡り合えるかもしれません。

子どもたちにも「高校に行ったら、私よりもっといい指導者と一緒にバスケットをやれるんだよ。私よりも、もっともっとよい指導者だから、その先生の言うことをきちんと聞いて、頑張りなさいよ」。それでもトラブルを抱えて、「中学のときはこうだったのに、この高校は違う。（高校の）先生の言っていることが愛コーチとは違う」と言ってきます。「いや、私が言っているのは四日市メリノール学院中学校でのことだから、おまえの高校とは違うんだ」と言わなければいけません。そしてこう続けます。

「社会にはいろんなコミュニティがあって、そこに順応していく力もメリノールでつけてきたから、おまえなら大丈夫だよ」

そう思うのは、私が大学を卒業して10年間、会社務めをしたからかもしれません。その間、気に食わない上司もいましたし、一方でこんなにもよくしてくれるのかと思う上司もいました。後者の上司が、じつは周りからは嫌われていたなんてこともあります。いろんな人と関わってきた経験を、子どもたちにかみ砕きながら伝える必要があるのかなと思っています。

中学生に成長をうながすのは本当に手間がかかります。でもそのことのほうが、バスケットを教えることよりも大切だと思うのです。人との関係性の先にバスケットがあるのです。人間関係さえクリアできたら、いろんなことがうまくいって、バスケットだってよりよくなるかもしれません。バスケットなんて――こういうと関係者に叱られるかもしれませんが――、人生のおまけのようなものです。

もし夢が叶って、Wリーグでプレーしたり、日本代表になれたとしても、いつかは選手としての終わりがきます。その先の人生のほうが長いのです。そのことをきちんと教えてあげたいと思っています。高校生になるとバスケットがもっと専門的になってくるからこそ、そこを教えるのは中学生のときではないかと思っています。

石の上にも三年

ここで、「辞める」ということについて考えてみたいと思います。ありがたいことに、近年は四日市メリノール学院中学校の女子バスケット部を辞める子はほとんどいません。高校でもほとんどの子がバスケットを続けてくれます。ほかの高校に進学することなく、そのまま四日市メリノール学院高校に上がっていく、つまり「残る」子も多くなっています。強豪校の誘いを受けつけない子もいます。

最近は就職してもすぐに会社を辞める人が多いそうです。もちろん肌に合わなければ辞めればいいし、一つの会社にズルズルとしがみつく必要はないと思います。でも、と思うこともあります。

たとえば、平野実月は愛知学泉大学を卒業して、トヨタ自動車アンテロープスに入団しました。でもなかなか試合には出られません。シーズンを通して、プレータイムはほとんどないと言ってもよく、彼女としても試合に出られるチームに行けばよかったと思うこともあったと思います。

そんなときによく言っていました。

「まずは3年、頑張ってみろ。『石の上にも三年』と言うじゃん？　だから3年、頑張ってみろ。もっとできることがあるはずだよ。そこで力をつけてから移籍したらいい」

その言葉どおり、平野はアーリーエントリーの時期を除くと3シーズン、トヨタ自動車で頑張りました。そして2024－25シーズンから韓国の女子プロバスケットボールリーグ、WKBLのサムソン生命ブルーミンクスでプレーしています。

平野に限らず、大学卒業後に就職した教え子にも同じように言います。「もう少し頑張ってみたら?」「3年頑張ろうぜ」。そして「もう無理です」と言ってきたら、「よし、転職しろ。その会社はおまえに向いていなかったな」。

私がなぜ「3年」と言うのかといえば、中学が3年だからです。中学の3年間はとても大きな意味持つ時期だと思います。同じ3年でも高校の3年とは成長の度合いがまったく違うし、小学校高学年の3年間とも理解力が違います。中学生は思春期にも入って、一番難しい3年間だと思います。

だからこそ、その3年間を諦めずに踏ん張れるかが肝要です。「石の上にも三年」とはよく言ったものだなと感心するほどです。

辞めたいと言うのは教え子だけではありません。教員にもいます。どんな仕事もそうですが、教員もやはりしんどいものです。いろんな親がいて、いろんな子どもがいます。何かしらの問題に対処して、それがうまくいかないと、「自分は教員に向いていなかったので辞めます」と言うのです。その言葉を聞くと残念に思います。

「いや、今回の状況があなたに向いていなかっただけかもしれない。でも違う状況になったら、また違う出会いがあるし、違うアプローチもあるから。この一事で決めるんじゃなくて、もうちょっといろんな角度から物事が見えるようになって辞めたら?」

大人に対してもそう思うのですから、子どもに対してはなおさらです。中学生はまだまだ子どもです。だから「バスケット部を辞めたい」と言われたら「辞めるの、早くない?」と、まずは慰留します。

なぜ急いで結論を出そうとするのでしょうか。そもそも何をどう受け取って結論を出し、結果とするのでしょうか。何度も繰り返しますが、試合に出ることだけが結果なのでしょうか。私は違うと思います。だから子どもたちには頑張ることを諦めてほしくないのです。

大人になる過程で、幼かったころの夢が現実として難しいと悟ったとき、さまざまなことを整理して、異なる職業に就くことはあります。誰にだってあることです。でも中学生のときに、その夢に向かって頑張ることを諦めさせたくはありません。この時期に諦めずに頑張り抜くことで、大人になったときに、あのときの私はこんなに頑張れたのだからと、踏ん張れる力になればいいと思うのです。

蛇足ですが、入社の2日目から来なくなった新入社員がいると聞いたことがあります。しかも最近では辞めることを会社に伝える代行サービスまであるとか。自分で言いたくないからだそうです。その是非を論じるつもりはありませんが、2024年度に入社した子は、大学1年生のときに新型コロナウイルスの世界的流行を受け、入学式が中止になっています。授業はリモート授業、インターネット上のオンラインです。家から出られなかったのですから、会社に行けなくなるのもわからなくはありません。

同じように、2024年に中学3年生になった子どもたちは、小学校高学年でそれを経験しています。小学校高学年といえば、本来であれば、「さあ、自分たちが学校をリードする番だ！」と張り切るときです。でも実際は、マスクをしなさい、周りと話したらダメ、給食は前を向いて黙食、合唱コンクールも中止……。それでは大きな声を出せなくなるはずです。ディフェンスで「何番、ＯＫ！」などと大きな声で言えません。

その子たちが四日市メリノール学院中学校に入ってきたとき、雰囲気が暗いなと感じました。すぐには理由がわからなかったのですが、そうか、この子たちは大きな声を出したことがないのか、大きな声を出したらダメと言われていた子どもたちなのだと気づきました。

コロナ禍は、子どもたちの成長にもとても大きな影響を及ぼしました。

適切な食事とトレーニングでケガを予防する

バスケットに限らず、スポーツにケガはつきものです。つきものですが、それでもやはりケガは一番かわいそうです。プレーができなくなるのですから、何とかケガをしない体づくりをしたいと考えています。

四日市メリノール学院は中学校と高校で男女のバスケットボール部があって、ありがたいことに体育館は２つ――実際は３つありますが、バスケット部が主に使っているのは２つ――あります。それぞれに２面ずつのバスケットコートがありますが、中学校女子は大所帯なので、１面だけでは手狭です。そのため４チームでローテーションしながら、週に１回のオフの日と、トレーニングの日を入れて、偏りなく体育館を使えるようにしています。

トレーニングも、ただ決められたメニューをするだけでなく、何のためにそれをするのかまで説明しています。

食事についても、何のためにご飯を食べるのかを指導しています。保護者の方にもご理解いただき、ご飯の量や、どんな栄養を摂るべきかを考えていただくようにしています。そのことは、年に1回の保護者会でも伝えています。

練習が終わってすぐに、マネジャーの用意したおにぎりを食べるのもその一環です。練習後、30分以内に炭水化物（糖質）を摂ると疲労が取れやすくなりますし、体が大きくなりやすいからです。そうしたエネルギー摂取はすごく大切なので、すぐにおにぎりを食べるようにしています。育ち盛りの学生にとって、お米は最強のプロテインです。

お米だけでなく、プロテインも飲んでいます。プロテインといっても筋肉がどうこういったものではありません。ケガ予防に特化したソイプロテイン（大豆を原料にした植物性のプロテイン）「ＮＯＢＩＴＡ（ノビタ）」で、骨を成長させる成分がたくさん入っています。身長が伸びている時期は、どうしても骨が薄くなりがちです。そうすると骨折のリスクも高まりますから、それを予防するためにも、骨を成長させるプロテインを摂っています。

おかげで、以前に比べて疲労骨折が圧倒的に減りました。練習時間はクールダウンと、その後のシューティングを含めても平日3時間くらいでけっして長くはありません。ただ負荷が高いため疲労骨折をする子が多かったのです。それがソイプロテイン「ＮＯＢＩＴＡ（ノビタ）」を飲み始めてからは圧倒的に減りました。

そのように学校でできることをしたうえで、帰宅後に食事を摂ります。家庭でもバランスのよい食事を保護者の方がつくってくださっています。

この時期の女の子は、運動量に見合った食事を摂らなければ、体重が増えていきがちです。実際に想定よりも体重が増えている子に聞いてみると、お菓子を食べていたり、炭酸飲料を飲んでいたりします。それが悪いわけではありません。ダメとも言わないし、禁止もしていません。ただ自分が目指そうとしているアスリートとしてどうなのだろう？という話はしています。太った分だけケガのリスクは高まりますし、だから太った分ご飯の量を減らすというのでは、アスリートとして本末転倒です。

保護者のみなさんはもちろん、子どもたちにも伝えているのは適正な量です。お菓子を食べて太ったからと、適正な量の食事を摂らないのはおかしいのです。「ちょっと自分で考えてみなよ」とはよく言います。

適切な食事を摂り、適切なトレーニングをしても起こりうるのがケガです。そのときの言葉のかけ方は、学年によって違うかもしれません。ただみんなによく言うのは「無理する美学は捨てなさい」ということです。特に上級生になればなるほど、試合に出たい、練習をしたいと、ケガを隠す傾向があります。気持ちはわかりますが、それは違うとはっきり言います。

痛みが出てきたときに練習を止めていたら、あるいは病院に行っていれば、休みがもっと短い期間で終わったのにということがよくあります。トレーニングが足りなかったのではないか。練習後のケアが足りなかったのではないか。上級生になればなるほど、そういった指導は行いますし、その点で叱ることも増えます。

下級生は頑張りすぎた子がケガをしやすいです。ちょっと極端な表現ですが、頑張らない子はケガもしません。下級生でも主力メンバーに入る子には、練習後のケアがどうだったかを問います。「ケガをしない選手が一番いいわけだから、そこへの向き合い方は間違っていなかった？　甘かったんじゃないの？」。そこは指導します。

新入生は特に頑張る傾向があります。ミニバスケット時代にはそれほどやっていないトレーニングや走るメニューを頑張りすぎて、ケガをするのです。

「入ったばかりだし、ちょっとしたケガや痛みで休みたくないという気持ちはわかるけど、一番大事なのはケガをしないことだよ」

ただし、新入生が頑張ったことをけっして否定はしません。頑張った結果が、不幸にもケガになっただけですから。上級生や主力だと「自覚が足りない」と叱ることもありますが、新入生には「ケガをすることはよくないけれど、それは頑張った証拠だぞ」と頑張ったことを認めます。するとその子も、体のケアに対する意識をもっと高めてくれるのです。

無理をする美学は捨てよう

ケガをしたら、チームトレーナーを務めてくださっている方の病院に連れていきます。そのトレーナーさんは、週に2回くらいは学校にも来てくださって、リハビリを見てくださいます。

ケガをすること自体は、子どもにとってつらいことです。でも私はけっして悪いことではないと思っています。ケガをしてしまったらバスケットの練習はできませんが、リハビリやトレーニングをして、ケガをする前よりもいい状態で戻ってくればいいと考えているからです。子どもたちにもそう言っています。体が締まってきたり、強くなったりと、プラスの面もあるのです。

右手をケガしたら、左手の練習ができます。足をケガしても、両手のドリブル練習はできます。「指が強くなるじゃん。シュートがうまくなるかもよ」。プラス思考で、自分にとって成長できる時間だと思えるかどうかで、ケガを治した後がまったく違います。

自分に甘い子は、リハビリへの向き合い方も甘いようです。だからケガが長引くし、治ってもまたケガをします。ケガをどのようにとらえて、どのように克服していくか。それは普段の生活における、自分への向き合い方にも通じます。

私が勝ち負けの結果を問わないのは、そういうところにも通じています。子どもたちにはもっともっと先の未来があるのです。

無理する美学を捨てなさいというのは、私自身も右ひざの前十字靭帯を切っているからです。内側靭帯を痛めたり、半月板をケガしたりして、最終的に切ったのは社会人2年目くらいだったと思います。国民体育大会（国民スポーツ大会）のときです。その経験があるので、子どもたちのケガはきちんと治してから、コートに戻してあげたいのです。

本人は、あまり痛みはないし、やれますと言いがちです。でも、たとえば同じ捻挫でも1回目の捻挫と2回目の捻挫、2回目の捻挫と3回目の捻挫は、それぞれ違います。特に初めての捻挫はしっかり治しておかないと、その後の競技人生がまったく変わります。

そのことを子どもたちは知らないし、多くの親も知りません。だから初めての捻挫は絶対にきちんと治さなければいけないと丁寧に説明しています。

きちんと治さずにいると、靭帯に緩みが出てしまいます。その靭帯はひざの前十字靭帯にもつながっているため、中途半端な治療をして、足首の痛みが出ないように庇うような動きをしていると、ひざの前十字靭帯を断裂しがちです。その予後がよくないと、さらに庇《かば》うような動きになって、今度は腰を悪くします。すべての原因が、たかがと思っていた捻挫だったということは、よくあるケースです。それを知っているかどうか、知っていてきちんと処置をさせるかどうかは、大人の役割です。

ときに、キャリアのなかで無理をしなければいけないことはあります。でも中学生の今ではありません。それは大人がきちんと示してあげるべきです。

考えてほしいのは、中学を卒業した後のキャリアの長さです。プロになるかどうかは別として、バスケットの競技者として、あるいは愛好者として続けていくなかで、たかがと思っていたケガが引っかかってくることもあるのです。

捻挫であれば、1カ月、長くても2カ月我慢すれば、その先もずっと楽しく続けられます。それを1週間くらいでいいやと練習を再開した結果、1年間の休みに発展する可能性もあります。指導者としては、そんなネガティブな可能性は潰《つぶ》してあげたいのです。

「腫れは引いている？　引いていないうちに練習を再開すると、足首の動きが詰まってしまうんだよ。詰まると足首の動きが硬くなって、それがひざに影響するんだよ」

「両足の筋力は同じくらいになっている？　同じになるまで足首のトレーニングをするんだよ」

保護者会でも伝えます。親としては、自分の子どもが大好きなバスケットをできないのはかわいそうだからと、早くやらせてあげたいと思うようです。その気持ちはわかります。でも無理をする美学は、保護者も捨てるべきです。無理させるべきかどうかの判断は、「少なくとも四日市メリノール学院中学校では私がします」と言っています。

しつこいようですが、それがその子にとっての初めての捻挫であれば、たとえ最後の全中だとしても、チームのエースであっても、その子の将来を考えて、私は試合に出さない選択をすると思います。チームとしては苦しいし、本人も苦しいでしょう。でも、「未来のために我慢しようぜ」と言います。

子どもにも保護者にも酷《こく》なことかもしれませんが、だからこそ、大きなケガに発展しないように普段からトレーニングをしているし、ケアもするようにしています。

トレーニングをいかに楽しませるか

トレーニングといっても、中学生のトレーニングはウエイト（おもり）を使ったものではありません。チューブを使った自重でできるトレーニングです。体幹トレーニングもしますし、足関節（足首の関節）の硬い子には、そこを柔らかくするトレーニングも必要です。

それらの多くは愛知学泉大学の木村功先生に教わりました。愛知学泉大学では、ウエイトトレーニングもしていると思いますが、自重のトレーニングが多いのです。そのトレーニングだったら中学生でもできるなと思って、大学生よりも回数を減らしたり、チューブの負荷を減らしたりと、調整しながらやっています。

その成果でしょうか、「メリノールの中学生は体が高校生みたいだ」とよく言われます。高校生と練習や練習試合をすることもあるので、当たり負けしないように、ケガをしないようにしているからかもしれません。

ウォーミングアップでは「リズムジャンプ」と呼ばれるトレーニングを取り入れています。

それは、フィジカルというよりもリズム感を養うためです。手に刺激を入れるという要素も、私なりに考えて加えました。リズムジャンプについては、スポーツリズムトレーニングインストラクターである原ゆうかさんを、福岡から半年に1回くらいお招きして、指導していただいています。子どもたちは音楽に合わせて楽しそうに、たまに訳のわからない声を発しながらやっています。

トレーニングでは、決められた動きを決められたとおりに黙々とやるだけでは、子どもたちもおもしろくありません。子どもたちが楽しめるように、盛り上がれるように、こちらから仕向けることもあります。ランメニューのなかにリレーを入れて競い合わせたり、駅伝大会に出たりしています。駅伝では三重県の予選を突破したこともあります。四日市メリノール学院中学校の女子バスケット部が、「女子バスケット部」とは紹介されませんが、三重県代表として中学生女子の駅伝全国大会に出場したのです。

全国大会は負荷がかかりすぎるのでそのエントリーからは外しましたが、深津唯生も予選を走って、区間賞を獲っています。彼女以外にも区間賞を獲った子はたくさんいます。木村依愛に至っては、三重県予選の区間賞だけでなく、その後に行われた「皇后盃全国都道府県対抗女子駅伝競走大会」でも三重県代表に選ばれて、京都市内を走りました。

そのための練習もしています。今の時代には不適切な表現かもしれませんが、もはや根性練習です。

「バスケットでラスト1分、２点負けている状況だと思って、この1周を走りきれ。ここで走って、試合にも勝てると思ったら走れるだろう？　速攻のチャンスだと思って走れ」

駅伝部になろうというわけではありません。すべては子どもたちの体をつくるためであり、ケガの予防のためです。

留学生について思うこと

２０１７年くらいから、中学バスケット界にも留学生が登場するようになりました。私はどんな相手に対しても、「どう守ろうかな」「こうやって攻めてみようかな」と考えることが好きなので、留学生を特別視することはありません。

「留学生についてどう思いますか」とよく質問されますが、私の考え方として中学世代で留学生を入れるメリットは「対戦相手としてはある」という答えです。

四日市メリノール学院中学校に留学生を入れるかと聞かれれば、入れようとは思いません。高校生世代はいろいろな経験を積んでいますので、留学生がいてもきちんと判断をして「留学生の高さありき」にはならないのかもしれません。しかし中学生世代はさまざまなことを判断する力がまだまだ乏しく、それらを養う時期だと思います。その大切な時期に「留学生の高さありき」では、判断力を養う機会が減ってしまうのではないかと思うのです。

たとえばシュートセレクトが顕著な例かもしれません。シュートセレクトの判断を誤ってタフショットを打ってしまう。それが大きな選手へのパスになる。つまり、どれだけ悪いタイミングでシュートを打っても、大きな選手がリバウンドを取れるので、そのシュートタイミングがよかったかどうかの判断がつきにくいのです。

ディフェンスのポジショニングでも同じ現象が起こるでしょう。私たちは「あと一歩ラインを上げよう」「もう少し体の向きを変えよう」と、ほんのわずかな部分にこだわって練習をします。

もし日本代表で帰化選手を必ず入れることになっても、中学生世代でさまざまな判断力を養い、そのうえで大きな選手に対するパスの仕方やアタックの仕方を学べば、上積みされて大きなプラスになると思うのです。

日本が世界で戦うにはどこまでいってもスピードとディフェンス力が必要なのは間違いありません。その意味で２０２４年の福岡大学附属大濠高校（男子／福岡）のウインターカップでの優勝は圧巻だったと思います。福岡大学附属大濠高校には２０６センチの渡邉伶音選手がいます。留学生に対してサイズは劣らないものの、やはり手足の長さや身体能力では差があります。そんな彼を中心にスピード感溢れるオフェンスとアグレッシブなディフェンスで留学生のいるチームと戦う姿は非常に参考になりました。それこそが、日本の目指すべき姿ではないかと感じました。

もし渡邉選手が留学生のいるチームにいたら、今の彼があったかどうかはわかりません。

少なくとも彼の今後のキャリアを考えると、能力の高い留学生を相手にする戦い方を福岡大学附属大濠高校で学んだことは、彼の大きな財産になったのではないかと思います。

四日市メリノール学院中学校の男子バスケット部にも白谷柱誠ジャックという選手がいました。彼も中学ではサイズがあり、能力も突出していますが、高校や大学、プロと、その先の世界には彼よりも大きくて能力の高い選手はたくさんいます。だからこそ山﨑修先生は目先の勝ち負けよりも判断できる選手にしたいと、インサイドに固定することなく育ててきました。彼が進学先に選んだのは留学生のいない福岡大学附属大濠高校でした。彼はそこで留学生という壁に挑み、何度も失敗を繰り返しながら成長していくと信じています。

留学生についてはいろいろと話題に上がりますが、留学生批判をするつもりは一切ありません。ですが、もう一度言えば、私のチームには必要ありません。むしろ対戦相手にいてくれるほうが、その対策をするうえで「気づく力」「考える力」を養う大きなチャンスとなります。ディフェンスで「忍者をつくろう」と思ったのは、そこからきています。実際に「あそこが危ない」「ここがチャンス」と瞬時に判断する力を身につけることができた選手は、その先の高校でも活躍してくれています。

一度留学生のいるチームをさまざまな角度から検証してみると、おもしろいのではないかと思います。その検証結果が反映されて、留学生のいるチームの選手たちの成長につなげることができれば、日本のバスケットボール界は大きく発展するのではないかと勝手に思っています。それでも私たちは、その上をいくバスケットを考えていきたいのです。

留学生のような突出した才能を持つ子が出てきたとき、私はいろいろ考えると言いました。考えて練習しているなかで、子どもたちにも「どちらが守りやすい？」「どちらの攻め方がやりやすい？」と質問します。子どもたちにとって手応えがあり、やりやすい方法を選択し、共通認識として持っておきたいのです。そうすると子どもたちは必死に考えて、みんなで意見を出し合います。それこそが子どもたちの成長に大きなメリットになると思っています。

グレーゾーンさえも飛び越える

検証という意味では、ゾーンディフェンスの禁止についても、個人的には一考の余地があると思っています。

ゾーンディフェンスの禁止は、中学生以下に適用される日本国内独自のルールです。ゾーンディフェンスをすると、ディフェンスの基本ともいうべきマンツーマンディフェンスが身につかないというのが、禁止理由の一つだそうです。でもマンツーマンディフェンスが身につかないのは本当にそのためでしょうか。改めて検証してみてもいい気がします。

実際、ゾーンディフェンスを禁止にしても、ゾーンディフェンスに限りなく近い、あるいは一歩踏み込んだようなディフェンスをしてくるチームはいます。グレーゾーンを利用しているイメージです。試合中にそれを指摘するコーチも見かけますが、私はそんなことはしません。ゾーンディフェンスに近いディフェンスをされたとしても、それをひっくるめて対策を立てます。

むしろ、ゾーンディフェンスが禁止とされているルールのなかで、グレーゾーンとも取れるディフェンスをすると、結局のところ、本来の狙いを享受できないのは子どもたちです。

また危機管理能力に長けた選手は、自分のマークマンを捨てて、守らなければいけない危険なところを守りに行きます。それこそが素晴らしい選手なのに、「はい、ゾーンです。その守り方はダメです」と言われると、自分なりに考えて、バスケットを頑張ろうとしている子どもたちがかわいそうに思えます。

どうであれ相手チームがそれをしてくると事前に知っていたら、しっかり準備をして戦います。極端な話、ゾーンディフェンスはエリアを守っている分、そのエリアを突破しさえすればチャンスが生まれやすく、簡単に得点が取れることもあります。

子どもたちにも言います。

「向こうはギャンブルのようなディフェンスをしているんだから、そのギャンブルさえすり抜けたら絶好の得点チャンスだぞ。ええな、簡単だろう？」

「しっかりピボットをして、パスをこっちに出したら、ディフェンスはこう動くから、ここを攻めたら終わりでしょ。練習でやったよな？　練習どおりにやろう」

もちろん、事前にそうしたディフェンスに対する崩し方をドリル化し、オフボールの選手が動く練習を徹底してやります。どこが空いているか、逆に危ないか、そこに気づくメニューです。

練習でも日常生活でも「気づくこと」の大切さを子どもたちに求めていますが、それは、バスケットにおける状況判断にもつながっているのです。

授業について

私も教員ですから、授業を受け持っています。

ただし、2023年は生徒指導だけでした。U16女子日本代表の活動があったので、授業を抜けることもあり、そうすると時間割を変えなければいけません。周りの先生方のご迷惑になるので、学校が考慮してくださいました。

2024年からは通信課程の授業を受け持っています。通信課程というのは、スクーリングといって、年に数回は学校に来て対面の授業を受けなければいけないルールはあるものの、それ以外は通信で受けられる授業です。もちろん毎日学校に来ても構いません。最終的にはレポートを提出して単位をもらいます。

その通信課程で国語の授業を受け持っているため、代表活動があっても授業の融通を利かせやすいのです。やはり学校が配慮してくださいました。加えて、引き続き生徒指導を担当しています。

そう考えてみると、改めて言うまでもありませんが、授業を持ちながら、部活動も見られる先生方は本当に大変だと思います。そこに生徒指導が加わると、さらに大変になります。

ただ生徒指導については、いろいろな子どもがいて、表現は適当ではないかもしれませんが、おもしろさも感じます。特に私の場合は、四日市メリノール学院中学校・高校に来る前は、三重県内でも有数の、元気があり余っている子どもたちが多くいた高校で常勤の講師をしていましたから、思うところはあります。それについては、最後の章で詳しくお話しします。

その高校で出会った子どもたちが大人になって、たまに街で出会います。しかも子どもを連れて歩いています。「先生！」と言って私に近寄ってくるので、「子どもが生まれたの？」と聞くと、うれしそうに「はい。抱っこしてやって」と言ってきます。そういう姿もまたうれしいし、人生ってつくづくおもしろいものだなと思わされます。

1年間だけの男子バスケット部コーチ

2006年からずっと女子を指導してきました。しかし1年間だけ、中学校男子のバスケット部を指導したことがあります。

2024年3月に四日市メリノール学院高校を卒業していった男の子たちは、四日市メリノール学院中学校の男子バスケット部としての1期生になります。彼らが中学校に入学してきた1年目を指導しました。

新型コロナウイルスの影響で中止になるのですが、彼らが中学3年生になる年が三重全中でした。彼らが中学校に入学する前年に、私は四日市メリノール学院中学校に移っていたので、当時小学6年生だった男子が「愛コーチに見てもらえるなら、俺らもメリノールに行く」と言って、来てくれたのです。

1年生だけの、7、8人でのスタートですから、当初は女子と一緒に練習をしていました。女子と同じようにファンダメンタルを追求しながら、ファンダメンタルと実践がつながる練習をしていきます。でも男子はボックスアウトができません。できないというよりも、それまでどちらかといえば能力任せでやってきたので、習慣ともいうべきボックスアウトをつい忘れてしまうのです。

女子も一緒にボックスアウトだけの練習に戻ります。その練習をして、またつながりのある実践練習にまで進んだのに、そこでまた男子がボックスアウトを忘れます。そしてまた、ボックスアウトだけの練習に戻る……。

そうしたら、3年生の女子が「いい加減にしてよ！」と怒り出すのです。中学3年生の女子が中学1年生の男子を叱り飛ばしていました。彼女たちからすれば、夏の全中に向けて気持ちを高めていきたい時期です。全中に向けて練習を加速させたいときに、男子のせいで練習が進まないのですから、怒る気持ちもわかります。男子たちは、おそらく私よりも当時の女子のキャプテンのほうが怖かったと思います。

バスケットはそれくらい習慣が大事なスポーツです。常日ごろ、私にそう言われていた女子もそのことを理解していたからこそ、1年生の男子を叱るのです。でも叱った手前、自分たちがしないわけにはいきません。忘れると立場がなくなるからです。その子たちの代のボックスアウトは強烈でした。

話のついでに、もう少しだけ男子の話をしておきましょう。

男子中学生はＮＢＡ（アメリカのプロバスケットボールリーグ）の派手なプレーを真似したがります。そういう年ごろです。そんな子たちも女子バスケット部に交じると、無駄に派手なプレーは許されません。

しかも細かいことばかりを言われます。「パスを出すときのつま先の向きが違うやろ」「ピボットができていない」「ほら、ボックスアウトはどうした?」。そんなことを1年間、それらが習慣になるまで言われ続けるのです。よくついてきてくれました。

2年目に山﨑先生が中学男子の顧問として来てくださるのですが、それまでは私が男女両方のコーチです。男子は1年生7、8人だけで、三重県大会の3位になりました。

私自身はとんでもなく、しんどかったです。大会の最終日は女子の準決勝、男子の準決勝、女子の決勝、男子の3位決定戦と、すべてベンチ入りです。

女子の指揮を執った直後に、男子に「いいよ、いいよ。ナイスアタック。よし、よくなった!」。疲れ果てました。しかし、それ以上に、懸命にバスケットに向き合う彼らが、とてもかわいくて仕方がなくなってきました。

たった1年間だけでしたが、彼らが高校生になって、初めてインターハイ出場を決めたときは、泣けてきました。「あのときのあの子たちがそんなことをしてくれた」と、うれしくなったのです。女子が全国優勝したときでも泣かないのに男子が全国大会に出ただけで泣くとは……。高校生になっても子どもは子どもです。愛コーチ、愛コーチと言ってくれて、大号泣する私でした。

それが今や大学生です。大学の入学式の写真を送ってきてくれました。男子を指揮するのは後にも先にもあの1年間だけだと思います。とても素敵で貴重な経験をさせてくれた彼らに感謝しています。

ストレスを吹き飛ばす至福のとき

日々、学校で子どもたちと向き合って、家に帰っても寮生がいるので、ときに息が詰まることもあります。せめてもの息抜きは愛犬の存在です。

現在、家には2匹の犬がいます。1匹は14歳で目がほとんど見えていないし、認知症もあるので、ヨタヨタ歩きでリビングをクルクル回っています。夜中に泣き始めるし、粗相もしてしまいます。そう聞くと、それもストレスの原因になるのではと思われるかもしれませんが、まったくそんなことはありません。この子は私がいないと生きていけないと思うと、か

著者にとっての息抜きは２匹の愛犬と過ごす時間だ。
写真は14歳になる小春（左）と銀乃介との３ショット

わいくて仕方がありません。その子ともう1匹の子を両脇に抱えながら寝るのが至福のときです。

U16女子日本代表の強化合宿などがあると、数日間、家を空けなければいけなくなります。もちろん夫もいますし、アシスタントコーチの粟津や中村愛結が子どもたちの食事のサポートなどをしてくれるので、子どもたちの安全は確保されています。

でもその合宿から帰ってきたら、翌日の食事の準備やお弁当の準備があります。やることがいっぱいあるなと思っても、最後は愛犬を両脇に抱えて寝れば、すべてが吹き飛びます。彼らがいれば、息抜きは充分です。

第6章

紆余曲折の中学バスケットへの道

よくも悪くも頑張っている子が輪から外れそうになったとき、このまま孤立したら、かわいそうだという気持ちが、私には強くあるのです。外れそうになる子にも、外しそうになる子にも、どちらにもそうなる理由があるはずです。そこで、なぜそうなったのかをお互いに考えさせたいのです。

男子と喧嘩をする勝気な少女時代

この章では、朝明中学校でコーチを始めるまでの、私の生い立ちを記しておきたいと思います。紆余曲折はありましたが、そのすべてが私の人生には不可欠なものだったと思うからです。興味のある方はぜひ読んでみてください。

私は三重県四日市に生まれました。父、母、兄と弟の5人家族です。

兄と弟に挟まれて育ったためか、幼いころから超がつくほど男勝りな性格です。

今ではセクハラになりますが、当時は「スカートめくり」と呼ばれるいたずらがありました。男子が女子のスカートをめくって喜ぶいたずらです。

私自身がそれをされた記憶はないのですが、友だちがされると怒りがこみあげてきます。いたずらをされた子自身は男子に対して怒ることができず、むしろ恥ずかしさのあまり泣き出します。シクシクと泣きながら、「●●くんにやられた」と聞くと、「コノヤロー、●●、出てこい！」。私と男子の間に取っ組み合いの喧嘩が始まります。それくらい勝気だったのです。

喧嘩をすれば、親や先生から注意を受けそうなものですが、注意された記憶はありません。相手の男子も、まさか自分がスカートめくりをして、その結果、女子と取っ組み合いの喧嘩になったとは恥ずかしくて言えなかったのでしょう。

しかも、拳を交わらせたせいか、そういう男子とは仲良くなるのです。「こんなこと、もうやめようぜ」と。

バスケットボールを始めたのは小学４年生のときです。

それまで父の務めていた会社の社宅に住んでいましたが、私が小学４年生のときに一戸建ての家へ引っ越しました。同時に四日市市立桜台小学校に転校します。転校する前はバレーボールの少年団に入っていたのですが、桜台小学校の学区にはバレーボールチームがありません。たまたま仲良くなった友だちから「ミニバス（ミニバスケットボール）をやらない？」と誘われて、10月か11月にバスケットを始めました。

もともと、ちゃきちゃきした性格で、スポーツは得意なほうでした。バレーボールがないならバスケでもやるか。それくらいの軽い気持ちで始めました。それが私とバスケットボールとの出会いです。

その地区ではミニバスが盛んだったのか、みんなは低学年から始めています。でも私は４年生で始めた初心者で、しかも、自分でいうのも恥ずかしいですが、超がつくほど下手でした。

チーム内でハンドリング競争があって、それで上位に入ると、いわゆるAチームに入れてもらえます。それをモチベーションにめちゃくちゃ練習しました。時間はかかりましたが、６年生になってようやくAチームに入れてもらえたことを覚えています。

恩師、山川正治先生との出会い

中学校は校区にある四日市市立桜中学校へ進学します。桜中学校の女子バスケット部は強豪校の一つで、全中にも出場したことがあります。そこで私は1年生のときからユニフォームをもらいます。

うまいとか優秀だったわけではありません。足は速いほうでしたが、相変わらず下手だったと思います。なぜ1年生からユニフォームをもらえたのかは、いまだに謎です。

顧問は、これまでも度々登場してきた恩師、山川正治先生です。山川先生がいなければ、今の私はありません。先生がいたからこそ、私は中学バスケットの指導者になれたのです。恩師中の恩師で、今も懇意にさせていただいています。

山川先生は理科の先生です。そのためでしょうか。めちゃくちゃ緻密《ちみつ》というか、能力に頼らない、考えさせるバスケットを指導してくださいました。ポイントガードの私に、そのポジションで考えるべき基本の「基」を教えてくださったのです。

たとえば私がボールを運んできて、3人の選手がポジションを取っている「スリーメンサイド」にパスを出したら、叱られました。「スペースが空いているのはどっちだ?」。

またチームの主軸になる先輩がいたのですが、「(その先輩が)どこにいるのか、見ているか?」「どこに誰がいて、シューターはどこにいるのか、わかっているのか? それらをしっかり頭に入れてプレーしろ」。フロアバランス、今でいえばスペーシングみたいなことを1年生の私に指導してくださったのです。

ミニバスのときは猪突猛進、足の速さを生かして突っ込んでいくだけだったので、「そうか、バスケットって考えなければいけないんだ」と気づかせてくれたのが山川先生でした。

一転、暗黒の中学生活へ

バスケットがおもしろくなってきた1年生の終わりごろ、私はバスケット部を辞めました。原因はいじめです。

当時、ちょっとでも気に食わないことがあると一斉に無視をするなどのいじめが多くありました。反省を込めて白状しますが、私自身も軽い気持ちでいじめる側にいたことがあります。そうしていじめていた子が、何らかの拍子に突然いじめられる側になる。そんな「いじめのループ」みたいなものが、当たり前のようにあったのです。

教員となった今はそれを見過ごすわけにはいきません。絶対に許されることではないと理解しています。全力でやめさせるでしょう。

よくあるいじめのループに巻き込まれたわけですが、たまたま私のときが一番大きないじめになってしまったのです。でもそれは私が調子に乗っていたからです。みんなよりも遅くバスケットを始めた私が、中学に入っていきなりユニフォームをもらい、調子に乗って、同級生たちに嫌な態度を取っていたのだと思います。

当初はそれに気づきませんでした。「何で私なの？」と思いながら耐えていたのです。練習で無視されて、みんなは一緒に下校していくのに、私だけ40分くらいかかる家までの道のりをトコトコと一人で歩いて帰っていました。

先輩たちはそんな私に「頑張りなよ」「そんなことに負けちゃダメだよ」と声をかけてくれましたが、ついに心が折れてしまいました。学校に行かなくなってしまったのです。親にも先生にも「いじめられた」とは言えませんでしたが、父は薄々気づいていたのかもしれません。「学校なんて、行かんでいい」と言ってくれて……。

1週間ほど学校に行かなかったのですが、家にいてもずっと寝ているだけです。ふと「私は何をやっているんだろう？　このまま学校に行けなくなったら、私はどうなるんだろう？このままじゃダメだ」と思い立って、学校には行くようにしました。でも、女子バスケット部には最後まで戻れませんでした。

戻りたいとは思っていました。でも学校を休んでいるときに「自分が調子に乗りすぎていたんだろうな。みんなにあんなことを言ったり、こんな態度を取ったりして、嫌な思いをさせてしまったんだろうな」と気づいたのです。それが強迫観念になって、戻りたいとは言えませんでした。中学2年生になる少し前のことで、だから私が中学バスケットをプレーしたのは1年だけです。

もちろん山川先生は部員に「自分たちのやっていることがバスケットに必要かどうか考えなさい」「くだらない時間を使うな」と言ってくださったようです。私の家にも来てくださって、「1年生のおまえにユニフォームを着させた理由がわかるか？」などと話をしてくださったのですが、何を言われても受け付けることができません。先生の言葉はありがたいなと思って聞いていましたが、半分、廃人のようだったのです。

私が退部届を出したとき、先生が周りの部員に「そういうことをしないやつだけ部に残れ」と言ったら、有望だった生徒を含めた多くの部員が一気に女子バスケット部を退部しました。それもまた、いまだに私が山川先生に申し訳ない気持ちでいる理由の一つです。

それから中学を卒業するまで、暗黒の日々が続きます。学校では無視されるのが怖いし、行っても居場所がない。それがわかっていたから、朝6時に家を出て、誰もいない教室で授業が始まるのを待ち、授業が終わったらそっと帰っていく。そんな日々を送っていたのです。

もちろんバスケット部員のなかには、いじめとは関係なく、練習についていけずに辞めていった子も何人かいます。そのうちの1人が、周りの目を気にしながら「ごめんね」と、絶妙な距離感で一緒にいてくれるようになったことが、当時の私には心強かったです。彼女だけでなく、バスケット部とはまったく関係のない、いわゆるやんちゃな子たちも一緒にいてくれて、私は何とか学校に踏みとどまることができました。

学校側もどこかおかしいなと思っていたのかもしれません。少し前まで元気に部活動をしていた子が、いきなり、それも理由を言わずに1週間も休んだのですから。異変には気づいていたはずです。当時は学年が7クラスあって、女子バスケット部員は同学年に20人くらいいたのですが、新学期になると、私のクラスには一人も部員がいませんでした。学校側が配慮してくれたのでしょう。

だからといって関係が変わることはありませんし、これも当時のいじめでは典型的な例ですが、靴のなかに画びょうが入っていたこともありました。もちろん誰がそれをやったのかはわかりません。女子バスケット部の子ではない可能性もあります。彼女たちの言動を見ていたほかの生徒が、愉快犯的にやっていたとも考えられます。

普通とはいえない中学生活を送った卒業式の日、いじめていた子たちが「ごめんね」と謝りに来てくれました。「私のほうこそごめんなさい。調子に乗っていた」と私も謝りました。それですべてが水に流されたわけではありませんが、ほんの少しの雪解けにはなったように思います。あの2年間はとてつもなくつらく、苦しい時期でしたが、私にとっては人生の大きな転機でした。あのままの自分でいたら、どんな人間になったのだろうか。人の気持ちを考えられない最低な人間になっていたのではないか。そう思えてなりません。

私と同じ思いを誰にもさせたくない

私は今、中学バスケットを指導しています。高校バスケットの指導もしていますが、軸足

一番の恩師でもある山川正治先生と著者。山川先生にはバスケットだけではなく、人間力も学んだ

は中学バスケットだと思っています。その立場から当時を振り返ると、まず「いじめ」は絶対にあってはいけません。もし今の時代に、私の目の前でそんなことがあれば、全力で阻止します。絶対に許さないし、叱ることを飛び越えて、怒ると思います。

そのうえで、あえて異なる視点からも言及したいと思います。いじめを受けた当事者、つまり私のその後の人生を振り返って思うことです。それが絶対的に正しい道とは言いませんが、前向きになるためのきっかけになればという願いを込めて書きます。

いじめを受けると心が折れます。でも、その後の人生を思ったとき、この年代で心が折れることは、けっして悪いことではないと思うのです。心が折れたとしても、そこで頑張ってもう一踏ん張りしてほしい。中学時代の私みたいになってほしくないのです。

いじめは今も昔もけっして許されることではありませんが、現代とは異なる時代背景と、その後の自分の生き方を考えると、少なくとも私にとってはよい経験だったとも思えます。教員が書いてはいけないことかもしれませんが、本当にそう思っています。

もしあのとき同級生に無視されることなく、あのまま大人になっていたら、おそらく私は本当に嫌な人間になっていたでしょう。いや、今も「稲垣愛は嫌なやつだ」と思われているかもしれませんが（笑）。当時は本当に苦しかったけれども、今は「（笑）」と書けるほどになっています。これを読んだ私の教え子からすれば、「えっ、あの愛コーチが？　うそでしょ？」と思うくらい、今は「ワハハ」と笑える人間になっています。

それでも中学時代のその経験は、人生にいくつかあるターニングポイントのなかでも、最も大きな一つだったといえます。そしてむしろ、あの経験がなければ、教員にはなっていなかったと思います。

成長の過程にある中学生が勘違いして、つい調子に乗ってしまうことは今もあります。それが友だちやチームメイトとの間に溝を生んでしまうことだってあります。中学生に限らず、大人でもそういうことは起こりうるでしょう。でもそういう大人にならないためにも、中学生のうちにそういう子を一人でも少なくしたいと思って、教員を目指したのです。

中学生はその多くが思春期ですから、この子は好き、でもあの子は嫌いといった感情が強くあるはずです。とりわけ女子はそれが強い気がします。だからこそ、そんなことを吹き飛ばすくらい、思い切ってバスケットをしようぜと私は言っています。

そうはいっても、調子に乗る子は出てくるものです。そのときははっきりと言います。

「周りがおまえのことを助けてくれなくなるよ」

「みんながおまえのことをしんどいと思う目で見ることになるよ」

一方で、周りの子たちにも言います。

「絶対にこの子のことを見捨てたらダメだよ」

「怒りたい気持ちはわかるよ。でも、そうするこの子には、何かおまえたちの知らない事情があるかもしれないだろう?」

調子に乗るのとは異なりますが、深津唯生がまさにそうでした。

前にも書きましたが、彼女は勝利への意欲が人一倍強い子でした。だから練習も試合も手を抜かずに一生懸命頑張るのです。頑張るからどんどん伸びていって、桜花学園高校でも1年生のうちから主力メンバーに抜擢されます。

ただ中学生のときはまだまだ幼く、その気持ちをうまくコントロールできていませんでした。「私はどうしてうまくできないのだろう?」と感情を爆発させることがあったのです。

私自身はそういう子が嫌いではありません。でもバスケットはチームでやるものです。だから深津に言いました。

「ダメだよ。みんなはおまえと一緒にバスケットをやりたいと思っているんだよ。一人ではバスケットはできないんだぞ」

周りの子たちにも言います。別々に呼んで言うこともあれば、深津を含めて、全員がいるときにも言いました。

「おまえらは深津くらい真剣にバスケットに向き合っている? 深津みたいに壁にぶち当たるくらいの気持ちでプレーしてみろよ。今のおまえたちにはできないだろ?」

その年のチームが結成された当初は、周りの子たちにとって深津は苦々しい存在だったと思います。それくらい突出して、勝つことにこだわっていましたから。しかし、バスケットが勝敗を競うものである以上、そうした気持ちに蓋《ふた》をさせるわけにはいきません。

でも、「だからってそれをすべて許さないとダメなの？」と思う周りの子たちの気持ちもわかります。だから深津にも周りの子たちを理解するように、そして周りの子たちも深津のよささを理解するようにと「こうやって声をかけたら、深津はよくなっていくぞ」と導きました。そうして深津も、周りの子たちも少しずつ大人になっていったのです。

彼女たちが3年生のジュニアウインターカップで優勝したとき、試合後のコート上のインタビューで深津が「みんな大好き！」とかわいい顔をして言ったのは、本心だったと思います。それくらい打てば響く子たちでした。

よくも悪くも頑張っている子が輪から外れそうになったとき、このまま孤立したら、かわいそうだという気持ちが、私には強くあるのです。外れそうになる子にも、外しそうになる子にも、どちらにもそうなる理由があるはずです。そこで、なぜそうなったのかをお互いに考えさせたいのです。

四日市西高校でバスケットを再開

高校は、三重県立四日市西高校、通称「四西（よんにし）」に進学しました。四西を選んだのは、漫画『SLUM DUNK』（井上雄彦／作）に出てくる流川楓が湘北高校を選んだのと同じ理由です。家から近いからです。中学校よりも近く、歩いて20分くらいの距離にあったので、四西に決めました。

そこで私はもう一度、バスケットを始めます。当初は女子バスケット部に入るかどうか、決めかねていました。私のせいで中学校のバスケット部を辞めた子がいたからです。その子たちが進学した別の高校で何をしているかはわかりません。でも中学校のバスケットを辞めさせてしまったという負い目がある以上、私が高校で再開してもいいのだろうかと、ためらっていたのです。

そのときに、同じ桜中学校から四西に進学した女子バスケット部の同級生が「やったらいいじゃん」と声をかけてくれたのです。彼女は、山川先生の「いじめをしないやつだけ部に残りなさい」という言葉に対して、バスケット部に残った子です。特別仲のいい子ではなかったのですが、その子が「一緒にやろう」と言ってくれたおかげで、もう一度バスケットを始めることができました。

当時の三重県は、県立四日市商業高校や県立四日市四郷高校が強かった時代です。四西はけっして強いチームではありません。中学時代には四日市地区で上位に入ったという子はいましたが、県レベルで見るとパッとする選手はいません。

私自身は2年のブランクがあったものの、ミニバス時代の財産と、1年間とはいえ山川先生に教えられた「考えるバスケット」が消えていなかったこともあって、早い段階から起用されました。強豪校ではなかったこともよかったのでしょう。

上級生のなかに下級生の私が1人だけ起用されて、でも今度は調子に乗ることはなかったと思います。もちろん、先輩を含めたチームメイトに対して「何でやらないの？」と思ったり、「ちゃんとやりましょうよ」と言ったことはあります。それに対して、先輩たちも同級生も間違った行動を起こすようなことはありませんでした。おとなしくて、本当にいい人たちだったのです。私自身にも「そもそも彼女たちはバスケットを頑張ろうと思って四西に来ているわけではないよな」という割り切りがあったのだと思います。

それでも、それこそ深津ほどではないにせよ、やるからには勝ちたいという思いはあります。だから体育の授業でバスケットをしたときに、バレーボール部のエースアタッカーとリベロの子に「うまいじゃん。一緒にバスケやろうよ」と誘って、2人をバスケット部に引き抜きました。

中学バスケットを辞めた私と、165センチくらいで身体能力の高い元バレー部のエースアタッカー、リベロ、同級生にもう1人いた165センチくらいの子、1学年下に入ってきた上手な子、その5人がいわゆる主力になっていました。5人のうち3人が、中学バスケットをまともにやっていないチームです。

そんなチームが、私が2年生のときには県大会でベスト8に入って、3年生のときは県で準優勝し、東海ブロック大会にも出場しました。

顧問は吉田耕太郎先生です。これまた山川先生に続く理科の先生で、おもしろい方でした。吉田先生は、マンツーマンとゾーンのチェンジングディフェンスを使います。今でこそチーム戦術としてチェンジングディフェンスを使うチームは多くありますが、当時はまだまだマニアックな戦術でした。理科の先生はマニアックな方が多いのでしょうか。それが見事にハマって、三重県の上位に食い込んでいきました。

東海大会にも出場し、桜花学園高校、当時の名古屋短期大学付属高校と対戦しています。30－130くらいで負けるのですが、私は18得点を挙げています。その後、桜花学園高校の井上眞一先生にそれを自慢していたのはのちの笑い話です。

そこでまたバスケットがおもしろくなって、大学でもやりたいなと思うようになったのです。

愛知大学で東海ブロックのアシスト王に

大学は愛知大学に進学しました。中学時代の経験から教員になりたいと思っていましたし、幼いころから本を読むことが好きだったので、国語の教員を目指して文学部文学科国文学専攻に入りました。

東海地方でバスケットの強い大学というと、愛知学泉大学や中京大学（愛知）が思い浮かぶかもしれません。バスケットを続けたいと思うなら、そちらへ進学するべきだったのではと思われるかもしれませんが、自分の力量はわかっています。

じつは高校3年生のときに国民体育大会（国民スポーツ大会）の三重県・少年女子チーム

のメンバーに選んでいただいています。そのときの経験からも、身長が150センチに満たない私が強豪大学でプレーできるはずがないと、それくらいはわきまえています。当時の愛知大学は東海学生バスケットボール連盟の2部リーグだった記憶があります。2部リーグの2位くらいではなかったでしょうか。

私はむしろ国語の教員になりたいという思いのほうが強かったので、大学でもう少しだけ好きなバスケットをして、卒業後は自分の思い描いた教員の道に進めたらいいなと思っていました。

実際に今は国語の教員をしていますが、それもバスケットのコーチとしてよかったと思っています。というのは、国語の文章には難しいものがあります。子どもたちも、そういう文章にぶつかったとき、簡単には理解できません。そのときに国語の教員としては「どうやったら伝わるか」を考えます。「この難しい言い回しを、どうすれば子どもたちに伝えられるだろうか？」と考えるわけです。それはバスケットの指導にも通じます。

第1章でも書きましたが、たとえば「ディナイをしなさい」と言っても、「ディナイ」がわからない中学生もいます。「ディナイ」は国語ではなく英語、しかもバスケット用語ですが、わからないことをわかるように教えるという意味では同じです。

スタンスはこうで、手の位置と手の向きはこう、目線はここ。それが「ディナイ」だと教えて初めて「ディナイをしなさい」が通じるわけです。言葉をいかに使うか、子どもたちにどう伝えるかは、私が特に意識しているところですし、それは国語の教員であることが大いに役立っていると実感しています。

話を大学時代に戻します。バスケットをしながら、国語の教員を目指すことを第一義にしていたのですが、徐々にバスケット部が力をつけていきます。監督は年配の先生で、バスケットに精通された方ではありませんでした。ただ2学年上に名古屋市立守山中学校出身の先輩がいたのです。

ご存知の方もいるかもしれませんが、当時の守山中学校というのは、桜花学園高校を率いていた井上先生がその就任前に育て上げた全国屈指の超強豪中学校です。全中では今なお破られていない大会8連覇を達成しています。

その8連覇目のキャプテンが、大学のその先輩でした。とても厳しい先輩で、「パスはここ」と胸の前でキャッチの構えをしたら、そこ以外にパスを出すと取ってもくれません。当時は本当に怖くて、神経性胃炎になったほどです。ただ、その先輩のおかげで私自身はパスの精度を上げることができましたし、その先輩の卒業後には、チームも躍進していきました。

4年生のときのことです。「エイトリーグ」と呼ばれる東海学生リーグで、愛知大学は4位に入り、インカレ（全日本大学バスケットボール選手権大会）出場を決めました。東海学生バスケットボール連盟からは上位4チームが出場できるのです。

そのときのエイトリーグで私は敢闘賞をいただき、アシスト王にもなりました。ただアシスト王については、実力というよりも、プレータイムによるものだと思っています。何しろ戦えるメンバーが少なかったですから。

たとえば愛知学泉大学であれば、選手層が厚いので、点差が開けば、主力選手がさっさと交代できます。一度ベンチに下がれば、その後、出てくることはほとんどありません。愛知大学はそうもいきません。私のプレータイムは多く、結果としてアシスト数が伸びたというだけです。

もちろんアシストはシュートを決めてくれて初めて「アシスト」になります。その点においても2人の後輩に助けられました。

いずれも1学年下の後輩ですが、一人は国体の三重県・少年女子で一緒にプレーしていた前川由季実です。強豪大学からも声をかけられていたのに、「愛さん、一緒にやりましょう」と愛知大学に来ました。

もう一人はミニバスケットの後輩でもある杉本涼子です。私が高校1年生のときに再会して、「桜中のバスケット部に入ったら、あんた（私のことです）、おらんやん！」といきなりつっかかってきました。「いや、いろいろあって辞めて……。高校からまた始めたんだ」と言ったら、「じゃ、私も四西に行く」と言うような子です。力のある子だったので「いやいや、おまえはあかんやろ」と言ったら、高校は違うところに行きましたが、三重県・少年女子で一緒になって、「愛ちゃんが愛知大学に行くなら、私も行く」と。

杉本はシューターなので、私がドリブルで切っていくと、3ポイントラインの外で待ってくれています。前川はエースで、どんどん走ってくれて、レイアップシュートで得点を重ねてくれます。パサーとしてはパスを出しやすい2人がいてくれたおかげで東海学生リーグのアシスト王になれたのです。

その2人とはその後もつながっていて、前川は今も応援に来てくれます。杉本は、四日市メリノール学院中学校が男子バスケットボール部をつくったときの1期生で、高校男子が初めてインターハイに出たときのキャプテン、岩瀬宙の母親です。しかも四日市市内でミニバスを指導していて、私の娘にとっては乳母ともいうべき存在でした。娘は初任給で彼女に「プレゼントを買う」と言います。私としては「え、初任給は親に何かをプレゼントするんじゃないんかい！」と言いたいところですが、そんなふうに、みんなで笑い合える関係を築いています。

愛知学泉大学と対戦したからこそ気づけたこと

当時の東海地方の大学では——今もそうですが——愛知学泉大学が圧倒的に強かったです。私たちがインカレに出場した4年生のときも、エイトリーグで11年連続34回目の優勝を遂げています。こう攻めよう、このように守ろうということさえ考えられないくらい、圧倒的な強さでした。ほかの大学はまだつけ入る隙があったのですが、愛知学泉大学はどうにもなりません。毎回「何とか試合が無事に終わりますように」と祈りながらプレーしていました。当時のそうした経験は、コーチになった今も生きています。バスケットなんて失敗しかないと気づかされたし、実際、試合だけでなく練習も含めて、うまくいくことのほうが少ない競技です。うまくいかなければ、練習するだけです。つまりは成長するしかないのです。

愛知学泉大学と試合をしたときも、ボールがバックコートから前に進みません。ポイントガードとしては忸怩《じくじ》たる思いです。どうやって運べばいいのかもわからず、愕然《がくぜん》としながら、チャレンジし続けるわけです。

すると、他大学と試合をしたときに、多少のプレッシャーをかけられたとしても「えっ、こんなに楽にボールを運べるの？」と、ある種の成長を感じます。

次にまた愛知学泉大学と試合をするとき、前回の反省から「今度はパスでつないだらいいんじゃない？」と話し合って、それを試します。パスがつながって、フロントコートにボールが入ります。

すると、当時から愛知学泉大学の指揮を執られていた木村功先生が「なぜパスでつながれるんだ！」と声を張り上げるのです。同時に、愛知学泉大学のディナイが激しくなってきます。ディナイが激しくなるということは、裏を突けば「もっといけるんじゃない？」。最終的にはコテンパンに負けるのですが、ここがダメならこっちで攻められる、あるいは守れるのではないかと、考えるきっかけになりました。

強豪校ではないがゆえの柔軟さもあったように思います。強豪校であれば、なぜプレッシャーディフェンスを突破できないのかを突き詰めていくと思うのです。たとえば、もっとパスのスピードを上げなければいけない、体のコンタクトを強くしなければいけないと、そんなふうに考えると思うのですが、少なくとも私たちはそうではありません。「これがダメだったら、これをやってみようぜ」といった軽い感覚です。そのなかで「いや、やっぱりこれが大事だよね」と気づいていくのです。基本的なスピードがないとか、ドリブルの強さがないとか、いわゆるファンダメンタルの重要性に一周回って行きつく感じでした。

そうした考え方は今の中学生への指導にも息づいています。

たとえば、私は子どもたちにディフェンスのポジショニングについて、とてもうるさく言います。でも実際には1対1で抜かれなければいいだけの話です。極論をいえば、1対1で相手に抜かれさえしなければ、ディフェンスのポジショニングは必要ありません。それが究極のチームディフェンスです。

しかしながら、プロでさえできないようなことを、発展途上の中学生ができるはずもありません。それくらいは中学生でも理解できます。ならば、私たちがやらなければいけないのはチームディフェンスだし、ポジショニングだよね、という話になります。

チームとして絶対にやられてはいけないところに立ち返って、それでもそこをやられてしまうから、「じゃあ、チームとしてのポジショニングをしっかりして、みんなで守ろう」となります。

四日市メリノール学院中学校の選手であれば、高校生と練習をしたときに、そうした穴が顕著に出てきます。それをみんなで守ろうとすると「あ、守れるようになってきた。ここのポジションで間違いないんだな」と気づけて、同じ中学生を相手にしたときにはしっかり守ることができます。

単なる失敗で終わるのではなく、その失敗を次の成功につなげるためにはどうしたらいいか。そこを考えて練習します。同じくディフェンスを例に挙げれば、1対1のとき、抜かれたらヘルプに行きます。ヘルプがあれば、ほかの選手たちのローテーションが始まります。当初はそのローテーションが遅くて失点したとしましょう。次はローテーションが間に合うように、速さを求めます。その練習をしますが、そもそも1対1でやられたらダメだよね、とグルグル回りながら、少しずつチーム力を上げていくイメージです。

大学時代はそこまで突き詰めることができませんでした。でも愛知学泉大学という日本一にもなったチームと対戦することで得られた経験は、今の立場で思い返せば、大きな財産になっています。

バスケットに目覚めて、地元の企業へ

国語の教員を目指していた私ですが、4年生のときのエイトリーグが、前年の結果――2

部リーグの1位――を受けて、早い時期のスタートになりました。その試合の日が教員採用試験と重なってしまったのです。教員志望の子は当然、試験を優先するわけですが、私は何を思ったのか、「今年はインカレに出場できるんじゃないの？」と、教員採用試験を見送りました。「採用試験は来年でもいいか」と、完全にバスケットにシフトしてしまったのです。

それもまた「稲垣愛」という人生の、ターニングポイントの一つだったのかもしれません。結果、インカレには出場できるのですが、教員採用試験を受けることなく、卒業へと向かいます。

次の年に採用試験を受けるにしても、卒業からそれまでの間、無職というわけにはいきません。とりあえず就職活動はしようと思い立って、何社かの入社試験を受けました。

当初は証券会社を目指しました。漠然《ばくぜん》と金融系企業への憧れがあって、大手の証券会社も受けました。そのうちの1つに内定をいただいたのですが、よくよく聞いてみると、証券会社は残業が多いそうです。今はどうかわかりませんが、当時はそう聞かされました。これは困ったなと。

何が困ったかというと、まだバスケットがしたかったからです。友人とも四日市でクラブチームを立ち上げようという話をしているのに、受かった証券会社だとバスケットができそうにありません。その内定を辞退し、ほかに内定をいただいていた残業の少なそうな自動車部品メーカーを選びました。

教員になりたい夢を諦めたわけではありませんが、生活のことを考えれば就職しなければいけません。ジレンマを抱えながらもその会社に入社し、丸10年働きました。今思えば、それがよかったのだと思います。企業に勤めた後に教員になったことが、私には大きなプラスとなっています。

もし大学卒業後すぐに教員になっていたら、私は22歳か23歳です。自分よりも年上の保護者の方たち――なかには倍以上も年齢の離れた方もいます――から「先生、先生」と呼ばれて、敬語で話されるわけです。自分は偉いのだと勘違いしてもおかしくありません。中学時代の私がそうだったように、なかには勘違いをして、調子に乗ってしまう人も出てくると思うのです。

会社に勤めたことで、社会を知ってから教員になりました。遠回りのようにも思えますが、その遠回りが今の私をつくったといっても過言ではありません。

奇跡のような出会いに感謝して

自動車部品メーカーに入社した年、高校時代に三重県・少年女子で一緒にプレーした友人たちとクラブチーム「アクティブファイブ」を立ち上げました。愛知大学の例の後輩２人も、翌年入ってくれました。アクティブファイブは数年前に一度解散したのですが、２０２４年にまた復活して、粟津雪乃もメンバーに入っています。ここからの話に出てくるアクティブファイブはかつてのチームです。

当初は週1回の練習でしたが、ちょっとした大会に出始めると、徐々に「これじゃダメでしょ」と熱を帯びてきます。練習は週2回になり、土日は練習試合を入れるなど、さらに熱が入っていきました。その成果というべきか、結成1年目で三重県の1位になり、その後、全日本クラブバスケットボール選手権大会に毎年のように出場し、3位になったこともあります。

2007年には皇后杯にも出場しました。当時は現行のようなラウンド制ではなく、Wリーグの12チーム（当時）とインカレのベスト8、各地方ブロック予選を勝ち抜いた9チームの、全29チームでトーナメントを行うものでした。私たちは1回戦で日立ハイテククーガーズと対戦し、55－91で負けています。私はアシスタントコーチでした。

中学時代にバスケットをやめた私が、大人になって、ここまでバスケットに夢中になるとは思ってもいませんでした。いや、もしかすると、あのとき一度やめたことが、結果としてバスケットに対する情熱をさらに燃えさせたのかもしれません。

教員を目指しながら、大学で「インカレに行けるかもしれない」と、採用試験を見送ったこともそうです。同じ意識を持ったメンバーが揃ったからこそ、自分だけの夢を追うのではなく、みんなで成しうる挑戦に踏み切ったのです。チームスポーツの素晴らしさに目覚めていったと言ってもいいでしょう。

今も子どもたちに言うことがあります。

「世の中にどれだけの人がいると思う？　この教室に今、30人ちょっといるけど、こんなに広い世の中で、この30人が同じ教室で授業を受けているのは奇跡だと思うんだよね。私が今、あなたたちにこうして話していること自体も、やっぱり奇跡だと思う。だから、奇跡のような、この関係を大切にしよう」

女子バスケット部もそうです。同じように覚悟を持った子どもたちが入学してきて、さらに、全国のいろんなチームともかかわりを持たせてもらっています。それだって三重県にただ住んでいるだけでは得られない出会いです。だからこそ、子どもたちには当たり前ではないことに感謝してほしいと思っています。

もちろん、私自身もそう思っています。これまで多くの子どもたちと出会って、いろんな先生やコーチの方々と出会えたことで「こんな世界があるんだ」と知ることができました。バスケットを通じて、多くの子どもたち、多くの保護者の方々、先生やコーチと出会えたことは、私の人生において大きな財産になっています。

なぜか上司に好かれた会社員時代

皇后杯の話とは前後しますが、クラブチームが強くなったことで、またしても私は、国体の、今度は三重県・成年女子のメンバーに選ばれます。キャプテンを務めました。その後、

1999年に結婚し、翌2000年には長女・結乃を出産しました。これでバスケットも終わりかなと思っていたのですが、成年女子の若い子たちが「お願いですから、戻ってきてください」と言います。コーチたちからも頼まれたのですが、「産後で、もう体が動きませんよ」と一度はお断りしました。しかし、以前のように動かなくてもいいから戻ってきてほしいと言われたら、断るわけにもいきません。多少の経験はあるからチームのまとめ役くらいならという気持ちで戻ったら、そのまま「アシスタントコーチとして残ってほしい」と言われて、最終的には三重県・成年女子のアシスタントコーチになりました。

私に「まとめる力」があったかはわかりません。今はリーダーシップについての本は巷に溢れていますが、そうした本を読んだこともありません。好きだったのは小説です。時代小説をよく読んでいて、織田信長、豊臣秀吉、徳川家康の「鳴かぬなら——ホトトギス」のエピソードがおもしろいと思い、家康の「鳴くまで待とう」の句から、「待つ」ことがとても大事なのだと気づかされました。徳川政権が、その後200年以上も続くわけだなと納得もしました。

秀吉の「鳴かせてみせよう」もいいなと思いますが、私自身はやはり家康と同じく「鳴くまで待つ」でしょう。何しろ子どもたちが相手ですから。泣かせることも比較的簡単にできるとは思いますが、そうであっても、泣かせることなく、ひたすら待つしかないと思っています。

もう一つ、これも「まとめる力」に通じるのでしょうか。当時はやたらと会社の上司に好かれていました。課長や部長はもとより、その上の常務や専務にまでも。ですから、接待にも盛り上げ役としてよく連れていかれました。自分ではまったく意識していませんが、客観的に見ると、人を楽しませるような話術があったのかもしれません。

ただし、私としては自然なことで、打算はありません。いや、上司に気に入られたら出世できるでしょ、と思われるかもしれませんが、出世なんてまったく興味がなかったのに、なぜか年上の方に気に入られるのです。

少し気難しい常務が本社から来るたびに、若い女性社員にシュークリームを差し入れてくれました。先輩社員に聞くと、昔はそんな人ではなかったそうです。どうやら私と仲良くなってから、シュークリームを差し入れてくれるようになったというのです。おそらく、私はその常務がそれまでに見たことのない、珍しいタイプの人間だったのでしょう。

さらに、私が入社した1年目の国体が、本社のある大阪で行われ、会社としては「我が社から国体に出場する選手が出た」と、ちょっとした騒ぎです。件の常務は、一眼レフカメラを持参してプレーしている姿を撮ってくださるし、挙句の果てには「うちの息子と結婚してくれ」とまで言われました。「絶対に嫌」と言って断りましたが、そう言い合える関係性でもあったわけです。

ちなみにその大阪国体のとき、大阪府の成年女子にいたのが薮内夏美さん（ＥＮＥＯＳサンフラワーズ・アシスタントコーチ）です。のちにWリーグの日本航空ＪＡＬラビッツで活躍して、アテネオリンピックにも出場した、あの薮内さんです。彼女とは２０２１年からU16女子日本代表の、彼女がヘッドコーチ、私がアシスタントコーチとして、ともに世界の国々と戦いました。その出会いは会社員時代の大阪国体だったのです。

アシスタントコーチとして調整力を学ぶ

話を戻します。三重県・成年女子のアシスタントコーチになると、いきなり問題が勃発しました。若い選手たちが、ヘッドコーチの考え方に不満をぶつけてきたのです。その子たちは大学の、いわゆる体育会系でしっかりバスケットをやってきていたので、当時のヘッドコーチの考え方や練習の進め方が合わなかったのでしょう。

「言いたいことはわかる。でもまずはヘッドコーチの言うことを聞いて、それをやってみようぜ。そうじゃなきゃ、ただのわがままになるよ。それでもダメだったら、私がちゃんと上の人に言うから」

私の言葉にその子たちは理解を示してくれたのですが、１年経っても様子は変わりません。「わかった、私が直談判してくる」と、三重県バスケットボール協会の理事長のところへ行き、それまでの経緯を伝えました。そのうえで、「選手たちはヘッドコーチを批判することなく、この１年間頑張りました。だから来年は選手の言うことを聞いてあげてください。ヘッドコーチを代えてください」と申し入れたのです。

話を聞いてくださった理事長は、「なら、誰がええんや？　おまえがやるんか？」と聞くわけです。「いえ、私はやりません」。「そしたら誰がええか？」ということになって、山川先生にお願いしました。中学時代の恩師、山川先生です。

じつは、山川先生にはアクティブファイブも指揮してもらっていたので、お願いしやすいこともありました。結果、山川先生の率いる三重県・成年女子は２年連続で国体３位になります。２００５年の岡山国体と、翌２００６年の兵庫国体です。

しかもその２年は、東海ブロックのいわゆる「ミニ国体」で、愛知県や静岡県にも勝っています。愛知県の成年女子といえば、Ｗリーグを引退してすぐの選手や、桜花学園高校、愛知学泉大学でプレーしていた選手たちばかりです。静岡県にも、Ｗリーグのトヨタ自動車アンテロープスでプレーしていた櫻田佳恵さんや、富士通レッドウェーブなどでプレーした名木洋子さんらがいて、とにかく強かったのです。そこに三重県が勝ちました。山川先生のマニアックなバスケットが、経験豊富な愛知県や静岡県を翻弄していくのです。

山川先生の下でアシスタントコーチを務めたことによって、私自身も調整力が身についたように思います。アシスタントコーチは、ヘッドコーチが考えていることを上手に選手たちに伝えなければいけません。一方で、選手たちの思いもヘッドコーチにうまく伝える必要があります。双方の間で、それぞれにどういうアプローチをすればいいのかを、学んだように思います。

恩師をきっかけに中学バスケットコーチの道へ

話は少し前後しますが、就職して四日市に戻ってきて、アクティブファイブを立ち上げ、3年目に結婚、4年目に出産をしました。当初、アクティブファイブも勝っていましたが、徐々に勝てなくなります。これはもう自分たちの力だけでやっていてもダメなのではないかと思って、山川先生にアクティブファイブのヘッドコーチをお願いしました。三重県・成年女子のヘッドコーチをお願いする前の話です。

山川先生は私たちのお願いを受けてくれる条件として、私に「俺のチームの手伝いをしろ」と言います。当時はまだ中学校で教員をされていて、その中学校で女子バスケット部の指導をされていました。ただし、地区の1回戦か2回戦で負けるようなチームです。もちろん、負けるから指導をしたくないというわけではなく、マニアックな先生ですから、むしろそうした弱いチームのほうが好きだったはずです。

ただそのときの山川先生は、そのマニアックな視線を野菜をつくる畑仕事に向けていました。畑仕事に力を入れると部活動が疎かになってしまいかねませんが、それは先生の本意ではない。だから、地元のクラブチームでバリバリやっていて、偶然コーチを頼みに来た私に「じゃあ、おまえ、中学生の指導を手伝え」ということだったようです。

私も先生にクラブチームのコーチをお願いする以上、その条件を受け入れざるを得ません。それ以上に中学時代の負い目もあったので「やります」と答えました。山川先生が畑仕事をしているときは、私が中学生に「じゃあドリブル練習するよ〜」と言って練習を指導します。中学1年生のとき以来、私が「中学バスケット」に再び触れた瞬間でした。

1年後、先生が違う中学に異動されて、そこでも1年、指導のお手伝いをしました。その翌年、今度は先生が四日市市立朝明中学校に教頭として赴任されることになります。管理職の立場では部活動の顧問をすることはないので、私の中学バスケットとのつながりもそこまで、になるはずでした。

しかし、運命とはこういうことを言うのかもしれません。

朝明中学校は、その2年前の2004年に行われた東京全中で、結果としてその大会で優勝する東京成徳大学中学校に、予選リーグで唯一、黒星をつけています。しかも、今では考えられませんが、予選リーグで対戦した両チームが、決勝トーナメントの1回戦で再び対戦することになったのです。そこで負けてしまうのですが、最高身長が170センチに満たない朝明中学校が、予選リーグでは、東京成徳大学中学校に勝っている。

当時の東京成徳大学中学校には2年生に、のちに女子日本代表としてリオデジャネイロオリンピックなどで活躍する大﨑佑圭（旧姓・間宮）さんがいました。そして、この大会をかわきりに全中3連覇も達成します。

一方の朝明中学校には、高校バスケットファンの方であれば覚えているかもしれませんが、岐阜女子高校が初めてウインターカップの決勝戦まで勝ち進んだときの主力選手がいました。伊藤恭子さん（デンソーアイリス・アシスタントコーチ）や小泉遥さん（元アイシン・エイ・ダブリュ・ウィングス）、水谷佳代さんらです。

そのときの朝明中学校は本当に強く、アクティブファイブとして練習試合をしたことがあるのですが、恥ずかしながら負けました。それくらい強烈なチームでした。

話が少し逸れましたが、その朝明中学校に山川先生が教頭として赴任されるタイミングで、偶然にも女子バスケット部の顧問をされていた先生が他校に異動されたのです。もちろん後任の顧問は決まっていて、当初はその形でスタートしました。

しかし、前任の先生は東京成徳大学中学校を破るほどのチームをつくられて、強烈なインパクトを残していました。後任の先生も頑張っておられたとは思うのですが、子どもたちも保護者も物足りなさを感じていたのでしょう。「何とかしてください」と学校に懇願しにきたそうです。そこで赴任したての山川教頭先生が言います。

「ちょうどいいのがいるから、そいつに女子バスケット部を見させよう」

そこから私と中学バスケットとの本格的なかかわりが始まったのです。

第7章

出会いと経験が未来をつむぐ

TTから非常勤、そして常勤の講師へ

山川正治先生に導かれて中学バスケットの指導に携わり、20年目に突入しています。その間、私が率いた2つの中学校とは異なる場所でも、さまざまな出会いや経験をしてきました。異なるといっても、結局は中学バスケットの指導者をしていたからこその出会いであり、かけがえのない経験です。この章では、そこから学んだことや私の考えについて、まとめてみたいと思います。

まずは朝明中学校で本格的に指導を始めたとき、子どもたちへの指導とは異なる場所で得た貴重な経験です。

第6章で書いたとおり、私は大学を卒業後、自動車部品メーカーに入社し、そこで10年間働きました。このときの経験は、その後の中学生への指導において大きな財産となっています。そして朝明中学校の女子バスケット部を本格的に指導することになって、2007年3月にその会社を退職しました。

会社員からコーチへの転身は、現在の私の立ち位置だけで見ると、スムーズな移行と思われるかもしれません。でも実態はそれほど簡単なことではなかったのです。これから小学校に上がろうかという娘もいます。当面は夫の収入と、私の失業保険で生活していました。しかし、それがいつまでも続くわけではありません。

会社を辞めることは山川先生にも報告しました。先生も慌てたのでしょう。自らが推した女子バスケット部の外部コーチが、しかも自分の教え子が無職で本格的にコーチをしようというのですから。「じゃあ、講師をやりなさい」と、仕事を見つけてきてくださったのです。公立の教員採用試験は受けていませんが——今に至るまで一度も受けていません——国語の教員免許は持っています。まずは朝明中学校の近くにある小学校で「ＴＴ（チーム・ティーチング）」と呼ばれる学級支援の先生として講師をしました。小学生に書写などを教えていましたが、それは1年で終わります。

「さて、どうしようか、困ったな」と思っていたところに、当時、県立朝明高校で教員をされていた方が私の後輩だったらしく、「国語の教員が足りないので、愛さん、やってくれませんか？」と誘ってくださったのです。渡りに船です。そのまま朝明高校の非常勤講師になりました。

朝明高校で講師をしながら、放課後は朝明中学校で女子バスケット部を指導します。私にとってはいい形でした。あるとき朝明高校の斎藤久先生から「常勤の講師にならないか」と誘っていただきます。朝明高校はラグビーの強豪校で、斎藤先生は当時のラグビー部の監督でした。のちに私はその副顧問になります。

当初は常勤になると自由が利かなくなって、朝明中学校の練習ができなくなると思い「常勤は無理です」と断りました。しかし斎藤先生は「大丈夫、大丈夫。朝明中学の子たちを朝明高校に連れてきて朝明高校のバスケット部と一緒に練習すればいい」と言うのです。

学校や保護者の承諾も得られたので、お受けすることにしました。朝明高校と朝明中学校は車で20分ほどの距離です。私自身が送迎しましたし、保護者の方々もサポートしてくださいました。それから四日市メリノール学院中学校・高校に入るまでは、ずっとその形でした。

講師は原則的に最大3年までしか務められません。しかし当時の朝明高校は、先述のとおり、元気の有り余っている高校です。私は常勤の講師を務める傍ら、生活指導もしていたので周りの先生方から重宝がられました。

あるときは、各学年の先生方が何とか自分たちの学年を担当してもらおうと話し合っていたこともあるほどです。私の上司ともいうべき生活指導部長の先生が「1つの学年の担当になったら、ほかの学年で何かがあったときに困るんじゃないか」と声をかけたことでその話は収まりましたが、それくらい学校での仕事を評価していただいていたのです。

そのおかげもあったのか、四日市メリノール学院中学校・高校に移るまで務めさせていただくことができました。

「できる、できる、絶対できる」の原点

一度、生徒の親にかなり厳しいものの言い方をされたことがあります。ただ、その親御さんとも毅然とした態度で話をしました。だって、親御さんが教員に対して、必要以上に厳し

い対応をされると、結果として、その子どもがかわいそうだからです。
叱られることはけっして悪いことではないと思うのです。でも最近の親は自分の子どもが叱られると、自分まで叱られた気持ちになってしまうようです。だから変に守ろうとします。でも、違います。叱られることは成長のチャンスです。そのチャンスで変に庇おうとすると、子どものためになりません。

前にも書きましたが、生きていくうえでは失敗しかありません。それはバスケットにも通じることです。失敗しかないのに、その失敗をさせないでおこうという親の思いが強すぎるように思います。百歩譲って、そこで子どもを守れたとしても、残念ながら、一般的には親のほうが先に亡くなります。親が亡くなった後、変に守られ続けた子どもは誰が守るのでしょうか？　変な守られ方をしたら、その子はずっと孤立するのではないかという思いが、私の根底にはずっとあるのです。

もちろん、親御さんはその子の幸せを思って、そうされているのだと思います。その気持ちもわからなくはありません。でも、私も教員としての立場からその子の幸せを考えていま す。親の偏った愛情は、子どもが人生を歩むうえで、逆に大きな足かせになってかわいそうだと思うのです。

朝明高校の子どもたちには、どこか無気力で投げやりというか、すでに人生を諦めているような一面も見受けられました。それがあり余るほどの元気さにつながっていたのかもしれません。そんな子どもたちに出会ったとき、どうしたら、この子たちは幸せになれるのだろうか？　と考え始めました。私には、今も昔も子どもたちに幸せになってもらいたいという思いしかありません。それを朝明高校で学んだというか、そこで改めて目を開かせてもらったのです。

朝明中学校時代から使っていて、四日市メリノール学院中学校・高校でも使っていた、試合前のかけ声があります。

「できる、できる、絶対できる！」

これは朝明高校ラグビー部の斎藤先生からいただいた言葉です。

「どうせ俺たちは無理だ。そういって諦めてしまいそうな子どもたちに、いや、そうじゃない。おまえらだって、やればできる。もしできなかったとしても、何も残らないのではなく、必ず残る何かがあることを大人は教えてやらんとあかんのや」

齋藤先生にそう言われたことを覚えています。

だから朝明中学校でも、四日市メリノール学院中学校に移ってからも、能力で劣る、あるいは身長が低いなどという見方は、大人が勝手につくった言い訳にすぎないと思うようになったのです。子どもたちがその気になっているのに、周囲の大人たちがその気にならなくてどうするのかと。

斎藤先生もまた、ある意味で私にとっては恩師です。朝明高校ラグビー部の教え子だった武藤亮磨が、今は四日市メリノール学院高校の教員となり、女子ラグビー部の顧問をしています。彼の学校への推薦文はしっかりと書かせてもらいました。それも斎藤先生への恩返しの一つだと思っています。

真剣に話を聞いて、真剣に話せばわかりあえる

朝明高校の話を続けます。

生活態度がよくないからと話をするのに、生徒に「まず座りなさい」と言うと、たいてい「あぁ?」といった態度を取るのです。昔ながらの生活指導の先生であれば、「何だ、その態度は!」となりがちですが、私はそんなことはしません。でも、甘く出るつもりもありません。

「目上の人に対する態度を、今まで教わったことがないのか?」

「教わってねえ」

「そうか、なら、おまえは悪くないな。でも私はこれまでの先生とは違うぞ。ええか、目上の人と話すときは、まずきちんと座りなさい。そして目を見て、話を聞きなさい」

その子は結局、進路変更をすることになるのですが、最後の日に教員室に来て「稲垣先生、お願いします」。そして私の席まで来て、目を見て「今日で学校を辞めます」と挨拶してくれたのです。

私も返しました。

「そうか。なら、これからはしっかりと頑張っていかなあかん。今までは学校が守れたことも、学校を辞めることで、もうおまえのことは守れんくなる。だから自分でしっかり頑張らなあかんぞ。元気で頑張れよ」

元気のあり余る子だとしても、きちんと向き合って、きちんと伝えていけば、最後はそうなってくれるのです。「俺は稲垣先生としかしゃべらへん」と言う子も出てきます。私は「話は聞いてやるけど、おまえが選ぶ立場ちゃうやろ。（話す相手を選ぶなんて）100年早いわ！今日はちゃんと話は聞いたるけど、ほかの先生の話もちゃんと聞けや」。そう言うと、子どもたちは少しずつですが、変わっていきます。

おもしろい話があります。四日市メリノール学院中学校に移ってから、ある高校の先生が選手のリクルートに来られました。夜、一緒に食事をして帰ろうと思ったら、「先生！」と声を出して向こうから走ってくる男性がいたのです。その男性は刺青《いれずみ》をしていました。

その高校の先生は「えっ、何ですか……。私は無理です」と、小さくなります。

「稲垣先生、元気？」

「おお、元気やぞ。つうか、おまえ、何で刺青なんか入れとんねん？　子どもができたときプールに行けんし、銭湯にも連れていけんぞ」

「ええ、そうなん？　えっ、海やったらええ？」

「海ならええ。行ったらええ。ところで、ちゃんとやっとんのか？」

「毎朝５時に起きて、ちゃんと仕事しとる」

「そうか、ならええ。頑張れよ」

そのやり取りの後、高校の先生に「愛先生、本物ですね」と言われました。

最高の味噌煮込みうどん

人にはそれぞれ個性があります。そうしたさまざまな個性を持つ子どもたちへのアプローチの仕方を学んだのは、間違いなく朝明高校での７年間だったと思います。あり余った元気をどこに向けていいのかわからず、半ば人生を諦めかけているような子たちもいます。

そんな彼らと、文化祭で味噌煮込みうどんをつくったことがあります。

私が副担任になったクラスは、「文化祭？　めんどくせえわ。何かやろうなんて、俺たちじゃ無理無理無理」と言うような子たちばかりでした。

そのころ、理科の実験か何かで、自家製の味噌を発酵させる授業をやっていたことを知っていた私は「じゃあ、文化祭はそれで味噌煮込みうどんをやろうぜ！」と提案しました。生徒たちからは「え〜、できへん」の声。担任の先生が休みでしたが、その日までに文化祭の出し物を決めなければいけません。

「できる。こうやってつくったらええねん。おまえらがつくった味噌やんか。そもそも、おまえら、人生を諦めすぎやねん。そんなおまえらを見てても、おもろない。いつか、おまえらに子どもができたとき、『俺は高校時代にこんなんやったぜ』って自慢できることをやってから卒業していけ。文化祭で味噌煮込みうどんをやってみようぜ、私も手伝ってやるから」

そうして味噌をつくるところをオープニングムービーにして、1杯300円という広告までつくったら、めちゃくちゃ売れて、文化祭で1位を取りました。彼らも「子どもが生まれたら自慢するわ」と、いい表情をしていました。

卒業式の日、その子たちがめちゃくちゃ大きな花束を私のところに持ってきてくれました。あの花束はうれしかったし、誰だってやればできることを示してくれたことは、その後の私のコーチングにも大きな影響を与えていると思っています。

木村功先生との出会い

その後も、私の指導者としての歩みにおいて、さまざまな先生方との出会いはどれも欠かせません。どの先生方も私にとっては恩人のような方ですが、なかでも大きな学びを得た先生とのエピソードをいくつかお話させてください。

一人目は、現在、愛知学泉大学を指揮している木村功先生です。

私が朝明中学校の指導を始めたころだったと思います。当時の木村先生はWリーグのデンソーアイリスでヘッドコーチをされていました。デンソーは三重県内で合宿することがあって、その練習を見学させてもらったのが出会いのきっかけです。その後、木村先生が朝明中学校の練習を見てくださるというので、１時間ほど指導していただいたことがあります。そこから私は先生の指導にハマっていきます。

木村先生の何がすごいかというと、言葉の選択がすごいのです。国語の教員である私でさえ、そうか、と手を叩くほどの言葉をたくさん発します。

かつての愛知学泉大学にはスター選手がたくさんいましたが、失礼ながら、近年はそうでもありません。関東の大学を希望する子が多いからでしょう。スター選手がいないなかでも、タレントが豊富な関東の強豪大学と互角に戦えるチームをつくり上げるのが木村先生です。

平野実月が桜花学園高校の２年生のときでした。たまたま桜花学園高校の井上眞一先生と食事をしていたら、井上先生の携帯電話に木村先生からの着信が入ります。「うん……。うん……。おっ、何？」と井上先生が話しているから、「何？」と聞いたら、「木村が学泉に戻るって」と言います。

その１週間前に朝明中学校の練習を見てもらっていたのですが、そんなことは一言も言っていませんでした。それを井上先生に伝えたら「愛ちゃんが、そんなこと一言も言っていなかったって言ってるぞ」。「いや、今決まったんだよ」。

電話を切った後、井上先生に言いました。

「平野、学泉はダメかな？」

「そうだな。じゃあ、平野に話してみて、行きたいようなら木村に話してみよう」

そこからバタバタと決まったのです。おそらく平野は、愛知学泉大学でなければ、その後、トヨタ自動車に入ることはなかったと思います。

教え子である平野が愛知学泉大学に行くことになって、私も木村先生のところに行かせてもらう機会が増えました。四日市メリノール学院中学校に移ってからも変わりません。四日市メリノール学院中学校の第2体育館ができたときは、こけら落としで、愛知学泉大学と桜花学園高校でオープニングゲームをしてもらったほどです。

そうした付き合いのなかで、木村先生に「学泉大のオフボールの止まらないバスケットがすごく好きなんですけど、ボールも、オフボールも止まらないバスケットはどうやってつくっているんですか？」と聞いたことがあります。

「何か約束事があるのですか？」

「どのタイミングで、あのカットを入れるのですか？」

「何でこれほどまでにオフボールの選手が速く動くのですか？」

そんなことを聞いていたら、「俺はこれまでいろんなコーチに練習を見せたけど、みんなオンボールのことしか聞かない。オフボールのことを聞いてきたのはおまえが初めてだ」と言われました。何だかそれがうれしくて、さらにハマっていきました。

ピックから入るプレーが主流の戦術になり始めていたころです。ハイピックをかけて、コーナーか3ポイントシュートを狙う。そんなバスケットが主流になっていた時代に、木村先生はそれだと能力のある子や、留学生を含めた身長の高い選手がいるチームしか勝てないだろう、とおっしゃるわけです。

そのころの愛知学泉大学も身長の大きなチームではなく、ましてや私が見ているのはさらに小さい中学生です。だからこそ、中学生でオフボールの動きを生かしたバスケットをしたいと思って、いろいろなことを教わりました。

細かいところまで追求する姿勢

木村先生の発する言葉で、これはと思うものはすべてメモしました。私が今、こうして子どもたちにいろいろなことを言えるのは、もちろん国語の教員ということも多少は関係していますが、木村先生の影響がすごく大きいと思っています。

ディフェンスのヘジテーションのタイミングも、普通はボールマンがパスをする瞬間に戻りなさい、と指導するはずです。木村先生は違います。ボールマンがドリブルを「キャッチした瞬間に戻れ」と言うのです。

そういうことを言う人はいませんでした。だから最初は「?」という感じだったのですが、「キャッチした瞬間に戻れば、遅れないだろう? おまえらはパスするときに戻ろうとするから遅いんだよ」。タイミングの説明などの言葉のチョイスがすごく上手なのです。

指導者としては、そうした細かいところまで追求したいものです。でも実際には、どのように教えたらいいのか、どのように伝えたらいいのかと悩むところでもあります。そのヒントが木村先生の指導にはあります。今も学ばせてもらっています。

最近では、木村先生に宿題を出されている気持ちにさえなります。もちろん木村先生は、「ここはこうで、こうしたほうがいい」などとは教えてはくれません。

たとえばファイブメン（5人の選手がパス交換をしながら走って、レイアップシュートを打つファンダメンタルドリル）をするときに、学生に「何秒だ？」と聞くわけです。学生が「●秒以内です」と言うと、そばにいる私も「え、●秒で終わらせるの？　どうしたらいいんだろう？」と考え始めます。

パスのスピードはもちろん、各選手の走り出しも早くしなければいけません。いや、でも木村先生が求めているのはそこじゃない。どこだろう？　あっ、キャッチだ。先生はキャッチのことを言ってるんだ。

そう思って見てみると、確かに学生はワンモーションでパスを出しているのです。それを中学生にどう伝えるかと考えたとき、ボールを持った瞬間に手を下げないようにと伝えよう。そうやってコンマ何秒かのロスを減らすための練習を、四日市メリノール学院中学校でも追求するのです。

手を下げない。キャッチのときに手を下げると遅れるから、引く動作を速くしようと言ってから、ファイブメンのパススピードが劇的に速くなりました。

そうして、次に愛知学泉大学に行ったときに「ファイブメン」と言われると、宿題をチェックされる子どもみたいにドキドキしてしまいます。

「このファイブメンはよくやり込んできたな」

「いや、ファイブメンをやり込んできたんじゃないんです。その前のキャッチのところをやり込んできたんです。そうしないと●秒で入れないから」

私がそう言うと、先生は「それでいい」と言うわけです。もはや答え合わせです。そうしてまた次の課題になりそうなことを教えてくださいます。そこでも大事なポイントを探して、次の機会に「ここですか？」と見せると、「よくわかったな」と。

もちろん落第もあります。「形だけやってきたな」と見透かされて「はい、そうです……」。練習の意図がつかめなかったときは、もっと掘り下げないといけないと、それもまた私にとっての学びになります。

練習メニューをそのままコピーするのではなく、その練習をするために、中学生にどういうポイントで練習させるのか。それを考えて、子どもたちに実践させることで、新たに見えてくるバスケットの奥深さみたいなものがあります。それを見つけることが、私たち指導者が勉強するところだと思っています。

結局のところ、いかにファンダメンタルを追求するか、です。木村先生もそうおっしゃっているのだろうなと自分なりに解釈して、今も子どもたちと一緒にそれを追求しています。

日本の女子バスケット界を支える井上眞一先生

ファンダメンタルの追求という意味では、桜花学園高校の井上先生も同じです。足の使い方一つ、パスの一つまでも、細かく追求されています。

何より井上先生からは、勝ちにこだわる姿勢を学ばせてもらいました。もちろん全国優勝70回以上というのは、それを達成した人にしかわからないことがあるでしょう。でもそこへのこだわり方は改めて驚かされるし、選手をその気にさせる力も学ばせてもらいました。

井上先生との出会いは、朝明中学校を指導し始めてすぐでした。山川先生に「全国大会に出たいのであれば、桜花学園のバスケットは見ておくべきだ」と紹介していただいたのです。山川先生自身、数人の教え子を桜花学園高校（当時は名古屋短期大学付属高校）に進学させていました。

山川先生に紹介していただいて、そこから少しずつ距離が近くなっていきました。初めて全中に出場した2007年には、桜花学園高校が主催している「ジョイフルカップ」と呼ばれるカップ戦に呼んでいただきます。桜花学園高校に進むことになる山田愛が中学1年生のときでした。

その後、今日に至るまで山田を筆頭に平野や粟津雪乃、深津唯生など、9人の選手と2人

著者の指導人生に大きな影響を与えた愛知学泉大学の木村功先生（左）と桜花学園高校の井上眞一先生。木村先生には細かいところまで追求する姿勢を、井上先生からは勝ちにこだわる姿勢を学んだ

のマネジャーが桜花学園高校に進みました。

少し極端な表現ですが、桜花学園高校はある意味でプロの登竜門みたいなところがあります。そのなかでどのように這い上がっていくかは、桜花学園高校に進学した子どもたち全員のテーマでもあります。だから教え子が「桜花学園でやってみたい」と言うと、私は必ず反対します。これまで進学した子どもたち全員に対しても一度は反対しました。「おまえが行くところじゃないぞ。しんどいぞ。苦しいぞ。絶対にやめておいたほうがいい」。

それでも行きたいと言う子でなければ、桜花学園高校で生き残るのは難しいと思います。それこそ四日市メリノール学院中学校に入るときとは比較にならないほどの覚悟が必要です。日本の女子バスケット界を支えるチームだからこそ、それだけの覚悟を持つ子でなければ、井上先生にも失礼だと思うのです。

私は井上先生が好きだから、先生が少しでも苦労しないような選手を、先生のバスケットで役に立てる選手を育てたいなと思ったのは事実です。それは否定しません。そこまでしなければ、高校で全国優勝はできないのだとも学びました。

ただ、中学と高校とでは異なる点もあるからでしょう。指導者としての私の価値観とは異なる部分もあります。それでもどこかで気が合って、仲良くなって、今は井上先生の愛犬を預かるまでになっています。

天国へのラブレター

井上眞一先生

今ごろ、大好きな奥様と愛犬たちと再会し、タバコを吸いまくり、わがまま放題、言いたい放題でしょうか。

先生が亡くなったニュースは２０２４年12月31日の夕方に流れました。

その日は朝から、先生からお預かりしている愛犬、小春がいつもと違い、ソワソワしている様子に胸騒ぎがして、小春を連れて先生の病室へと駆けつけました。嫌な予感は的中し、到着して40分後に先生は旅立って逝《い》きました。

先生に初めてお会いしたのは、私が指導を始めて10カ月ほどが経ったころです。「本物を見てこい」と山川先生が井上先生を紹介してくれました。

初めて入った桜花学園高校の体育館。とてつもない緊張感が漂っていました。そのときの練習はチェストパス。それだけで1時間が過ぎました。

あれから19年。「うわぁー、桜花の井上先生だ……」から、いつのまにか仲良くなり、今があります。なぜ、これほどまでに仲良くなったのかはわかりません。大会や遠征など忙しい先生の愛犬を預かる仲になり、小春は今も我が家で暮らしています。

山田愛が桜花学園高校に在学中、井上先生に「何で愛コーチとこんなに仲がいいの？」と聞いたら、「愛ちゃんは毒舌だからおもしろい」と言ったそうですね。毒舌って……。何ともひどい話ですが、確かに私ほど先生に対して偉そうに接した人間はいないかもしれません。

ファミレスでバスケットの質問をすると、コップとガムシロップ、ミルクで「ここはこうだろ？　そうしたらこうなるから、こうするんだ」と教えてくれました。普段の会話は、そのほとんどが介護保険がどうとか、あそこの犬はこうなんだとか、取るに足らない話でしたが、そんな話を何時間でもできる関係でした。

歳の離れた気の合う友人（絶対に父親ではない！）で、指導者を飛び越えて、人として親しくなった不思議な間柄です。

それでもやはり、どこまでいっても先生は桜花学園高校の井上眞一先生です。

先生、あなたは日本のバスケット界に光を照らし続けてくれました。たくさんの教え子があなたの元を巣立ち、日本のバスケット界のあちこちで躍動し続けています。東京オリンピックの銀メダルはあなたの礎があったからこそ。いつも教え子の活躍をうれしそうに話し、目を細めていましたね。あなたほどバスケットを愛した人はいません。本当にありがとうございました。

12月31日、病室で「みんなが忙しい大晦日に死んじゃダメ！」と叫びましたが、最後までワガママな先生らしく、そのまま逝っちゃいましたね。

その4日後、私は先生から誕生日プレゼントにいただいた使い古しの数珠とGショックを身につけてジュニアウインターカップに臨みました。結果は準決勝敗退。子どもたちを逆転負けさせてしまったことに落ち込みながらホテルの部屋に戻った瞬間、先生にもらった数珠が切れてパラパラと散らばったのです。

「何で負けたんだ!?」と怒っているのかなと思ったら、「数珠が切れるのは『見守っている』という意味らしいですよ」とアシスタントコーチが調べて教えてくれました。それを聞いた瞬間、私はまるで子どものようにワンワンと声を上げて、大号泣してしまいました。

「愛ちゃんもまだまだだな。負けちゃダメだぞ！」と言われている気がして、同時に先生が亡くなったことを実感して、涙が止まりませんでした。

先生にまた会いたかった。会ってもっとくだらない話をしたかった。

もっともっともっとバスケットを教えてもらいたかった。

すごくつらくて悔しいよ。

でも、それじゃ先生に怒られるから、これからも先生に褒めてもらえるように頑張るね。

小春は認知症で手がかかるけど、先生のワガママに付き合っている気持ちで楽しんで介護するよ。

茶目っ気たっぷりで、ワガママな井上眞一が大好きでした。どうか安らかに。

心から感謝しています。合掌

稲垣　愛

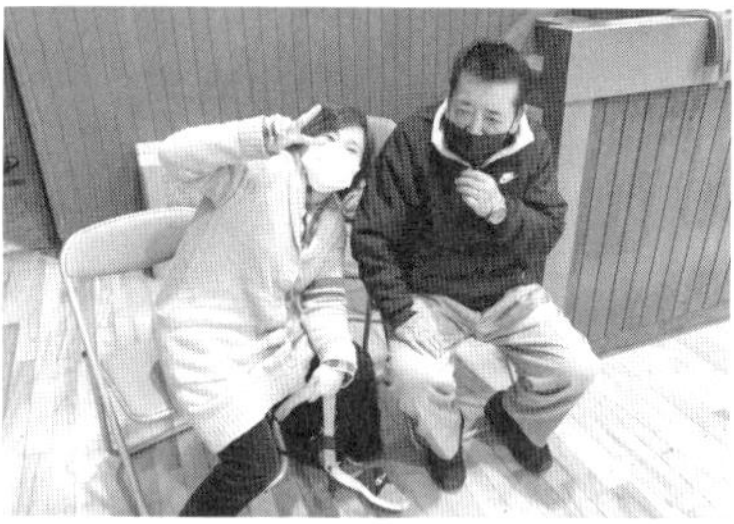

ミニバスケットの重要性

これまでさまざまなカテゴリーのコーチから多くの学びを得てきました。特に、指導者としての重要性を考えさせられるのがミニバスケット、つまり小学生のコーチです。

私がお世話になっているミニバスケットのコーチの一人に服部幸男先生がいらっしゃいます。愛知県の昭和ミニバスケットボールクラブのコーチです。何人ものWリーグの選手を育て上げるなど、日本の女子バスケット界において、多大なるご尽力をされていると思います。また、滋賀県のピンクモンスターMBCの大橋覚先生も大変素晴らしいコーチの一人です。お二人に私はどれだけ支えていただいたかわかりません。

考えてみてください。服部先生と大橋先生に限らず、ミニバスケットのコーチは、いわゆる初心者にバスケットを教えるわけです。子どもたちはまだ、ドリブルも突けないし、パスもシュートもできません。そもそも、あれほど大きなボールを持ったことさえないでしょう。そんな子どもたちをゼロから教えて、彼女たちが中学に上がるときには、ある程度の技術を備えるまでに導くのです。稚拙《ちせつ》な表現ですが、すごいとしか言いようがありません。

しかもその間、子どもたちにバスケットを嫌いにさせないのです。バスケットは楽しいものだと思わせながら、一方で一定のファンダメンタルを身につけさせています。コーチの方々は相当な努力をされているはずです。彼らがいなければ、私たちが指導している中学バスケットも成り立ちません。その先だってありません。私にとっては、日本代表のヘッドコーチよりも、BリーグやWリーグのヘッドコーチよりも、ミニバスケットのコーチが一番すごい存在なのです。

話は逸れますが、そんなふうにバスケットの楽しさと基本の動きを教わりはしますが、今のミニバスケットはその全国大会で日本一を決めないそうです。リーグ戦をして、ブロック優勝と呼ばれる複数の優勝チームが生まれる形です。ゲーム数を公平にするためだというのですが、だったら、ゲーム数は担保して、そのうえで日本一を決めればいいのではないでしょうか。勝ったチーム同士が決勝戦をしている隣のコートで、負けたチーム同士も試合をする。ゲーム数さえ同じにすれば、子どもたちに公平な機会を与えられるわけですから。

日本一になった子どもたちは達成感を味わうこともできます。そう書くと「負けた子はどうするんですか?」とご批判を受けそうですが、ならば逆に問いたいのです。負けたらダメなのですか? 負けることは悪いことですか? 現行の大会方式は、見方を変えれば「負けることはダメなこと」と、大人が言っているようなものです。

負ければ、子どもたちは悔しいでしょう。大人だって悔しいです。でも、負けて、また頑張ろうと思えれば、その負けには価値が生まれます。「負けることがダメ」という前提なのは、私はおかしいと思うのです。

負けてもいいでしょう?

悔しいと思ったらいいでしょう？

泣いたっていいし、むしろ負けて泣くことは悪いことではないのです。失敗することはダメなことではないのです。

優勝だけが素晴らしいのではなく、負けることもまた素晴らしいことだと伝えられるよい機会だと思います。その後の成長につながれば、負けることも素晴らしいことなのです。

勝利至上主義に偏るという意見もあるかもしれませんが、それは子どもたちの思いとは別のところにあるように思います。子どもたちは子どもたちなりに頑張っています。頑張れば報われることもありますが、報われないこともあります。それを小学生のうちに教えてあげることはいけないことでしょうか？　報われないことが必ずしも悪いことではないと教える絶好の機会だと思います。

そもそも、その全国大会に出場するのに、都道府県や市町村、地区などで1位を決めているわけです。それが全国大会になったら交歓大会というのは、どうなのでしょうか。

繰り返しますが、負けることはダメなことではありません。子どもたちが悔しいと思う気持ちは大事にすべきですし、そこからもっともっと頑張りたいと思う気持ちも大事に育てていかなければいけないと思います。私は負けた子にも「よく頑張ったな」と言ってあげたいのです。

ありがたいことに、私は何度か日本一を経験させてもらっています。でも、それはそのときの子どもたちがすごかっただけのことです。その何倍も負けています。負けたときの子どもたちも、日本一になった子どもたちと同じくらい頑張っていました。結果こそ異なりますが、どちらも私にとっては同じ、日本一頑張った子どもたちなのです。

話を戻せば、私はカテゴリーを問わず、また年齢を問わず、多くのコーチからさまざまなことを学んでいます。服部先生が出された指導書も持っていますが、アンダーラインだらけです。「ああ、そうか。ミニバスケットではこんな練習をしているから、こういう選手が育つんだ。だったら、中学校ではもっときちんとやらないといかんよな」と刺激を受けます。

服部先生は、子どもたちの気持ちの乗せ方が上手です。ご自身が小学校の先生だったこともあって、小学生にわかるように説明をされるのでしょう。そのうえで、最後にお菓子を出したりして、子どもたちのやる気を刺激しています。そうすると子どもたちも気持ちよくバスケットに取り組むわけです。そうしたことも学んでいます。

子どもたちからも学ぶ

もちろん、同じ中学カテゴリーの先生方からも多くを学びます。

「どうすればこの子たちをここまで頑張らせることができるのだろうか？」

「どうすればこんなバスケットになるのだろう？」

「どうしたらこんなに素敵な子どもたちになるのだろう？」

そうしたことを疑問に思って話をすれば、何かしらのヒントが得られます。真似できるものがあれば真似したいとも思います。特に子どもたちに対する言葉のかけ方や、やる気にさせる言葉にはすごく刺激を受けます。先生方の子どもたちへの愛情のかけ方といってもいいかもしれません。

それらはむしろ、同じ中学カテゴリーのコーチでなければわからないところです。名前を挙げればきりがないほど、多くのコーチたちに学びながら、ときに励ましたり、励まされたりしながら、今の私はあるのです。

ただ、学ぶのは先生方からだけではありません。子どもたちから学ぶこともあります。いや、子どもたちにこそ学んでいます。

子どもはときに「えっ、すごいな、こいつ」と思うようなことをしてくれます。だから、たとえば、よくない態度を取った子がいたときも「何で、この子はこんな態度を取るんだろうか？」と考えなければいけないと思うのです。子どもにだって思いはありますから。

今も生徒指導はしていますが、必ず「何で、こんなことをやっちゃったの？　何か理由はあるんでしょ？」と聞きます。頭ごなしに叱ることはありません。何かしらの理由が子どもにもあるはずです。

それが「いや、知らんかった。教えてもらったことがなかった」という答えであれば、それは教えていない大人が悪いわけです。そのときは大人として謝ります。「そうか、悪かったな。それは大人が悪かったな」。

そのうえで教えます。

「じゃあ、今、私が教えるわ。ええか、おまえのその態度は大人に対する態度じゃないぞ。きちんと話を聞け。相手の目を見て、話を聞きなさい」

そうすると、子どもたちは同じような態度を取らなくなります。根っから悪い子なんていないのです。教えられていないだけです。それはバスケット部の子も、そうでない子どもも一緒です。何かをするのには必ず理由があります。その理由を聞いて指導したうえで「次に同じことをやったらダメだぞ。教えたんだからな。今度はおまえの責任やぞ」と添えます。

U16女子日本代表のアシスタントコーチとして

2018年、バスケットボールU16女子日本代表のアシスタントコーチを拝命しました。翌年、U16のアジア選手権が行われるため、1年前からチームをつくることになり、萩原美樹子ヘッドコーチ（東京羽田ヴィッキーズヘッドコーチ）をサポートするコーチにと打診されたのです。

その大会は新型コロナウイルスの影響で中止になるのですが、それ以降、ヘッドコーチが薮内夏美さんになってからもサポートさせてもらっています。

U16のアジア選手権はたいてい7月くらいに行われます。「U（アンダー）16」ですから、

16歳以下、つまり選手の多くは中学生から高校に上がってすぐの子たちです。ならば、中学カテゴリーを指導しているコーチを1人入れよう。それが私に打診した理由だったそうです。

最初はお断りしました。国際レベルのバスケットを経験しているわけでも、理解しているわけでもないので、とてもじゃないけど無理ですと。ですが、中学校の指導者であり、いろいろなチームの子どもたちを見ていることに大きな意味があるのだと返されました。

愛知学泉大学の木村先生に相談しました。私はどうしても困ったことがあると、尊敬する指導者である木村先生によく相談するのです。そのときも、こういう打診があって、こうお断りしたけれども、こう返されました。どうしたらいいと思いますか？　と聞いたら、木村先生はこうおっしゃるのです。

「おまえの知らない世界がまだまだある。今のおまえの実力というより、人間としての稲垣愛や、指導者としての稲垣愛に代表チームはフォーカスしてくれたわけだから、おまえの成長のためにもやったほうがいい」

「いや、先生、そんな代表活動に参加していたら、メリノールの練習が見られなくなります」

「だから、それも勉強なんだって。おまえが代表活動でいなくなってダメになるようなチームをつくらない努力を、おまえ自身がすることが勉強だろう？　おまえがいるときにやれるチームなんていうのは大したチームじゃない。おまえがいないときでも、きちんとやれるチームにすることが、おまえがこれから勉強していくことじゃないのか？」

そして、こう続けるのです。

「俺はおまえならできると思うけどな。もうそういう立場になったんだ。もう一つ上の指導者になろうと思ったら、練習を見られない苦しみもおまえは味わわなきゃいけないぞ」

木村先生の言葉が腑《ふ》に落ちて、引き受ける決心をしました。

私としては四日市メリノール学院中学校の子どもたちを見られなくなることが、何よりも嫌だったのです。ほかには何もいらない。大好きな子どもたちだから、ずっと一緒にいたいのです。疲れることはあっても、子どもたちとバスケットをすることはストレスでも何でもありません。

そう思っていたのですが、木村先生のお話を聞いて、私のその考え方が子どもたちの成長によくないのだと理解しました。私が代表チームの強化合宿や大会に行くことは、私自身が成長することでもあるし、子どもたちが成長することにもつながると気づかされたのです。

私のターニングポイントにはいつも木村先生がいてくださいます。相談というよりも、何かアドバイスがほしいとき、自分一人では処理しきれないときに、いつも大きなヒントをくださいます。

おそらく木村先生は覚えていないでしょうし、自分がヒントを与えているとも思っていないでしょう。実際、私は木村先生の教え子でもないし、勝手に尊敬しているだけですから。

アジアを含めた国際大会に出れば、確かに私の知らないバスケットがありますし、もちろんそれは学びにもなっています。ただ、私が、あるいは私たちがやっている中学バスケットと、U16女子日本代表のバスケットがまったく違うものかと問われれば、そうではないことにも気づきました。

結局のところ、日本のバスケットの根底にあるのはディフェンスだと感じます。ディフェンスからのファストブレイクです。いくらハーフコートオフェンスでセットを組んだところで、容易に得点が取れるほど甘い世界ではありません。日本はいかに速いテンポでバスケットをするかが重要です。

それをベースに置きながら、全国トップレベルの才能を持つ子どもたちと、世界を相手にどのように戦うか。それをヘッドコーチやほかのコーチたちと考えています。

U16女子日本代表では、主にディフェンス面を担当しました。対戦するオーストラリアや中国などには16歳以下でも2メートル近い選手がいます。そこへのトラップの仕掛け方などは私がアドバイスしました。四日市メリノール学院中学校でも使っている戦術が通用したところもあります。

もちろんそれだけを練習しているわけではありません。U16日本代表でもファンダメンタルの追求をすべく、1対1でしっかり守るためのドリルも行います。

一方でオフェンスについては、世界とのレベルの違いをひしひしと感じます。平均身長の低い日本は、特に相手のビッグマンに対する戦い方を考えなければいけません。U16日本代表でやっていることを間近で見ながら、四日市メリノール学院中学校の子どもたちにも応用できるなと、学んでいます。

押し付けるような話はしたくない

木村先生が言うところの「もう一つ上の指導者」になったつもりはありませんが、近年、チームの成績が積み重なってきていることも手伝って、「最近の若いコーチはどうですか?」「若いコーチに何かアドバイスはありますか?」などと聞かれることがあります。

それについては考えたことがありません。というのは、私はいつも年上のコーチとばかり一緒にいるからです。それも少し年上ではなく、井上先生、木村先生、杉浦裕司先生、桐山博文先生、大野裕子先生……と、かなり年上です。私自身はいつまでも若手だと思っていたのですが、気づいたら、「若い人たちを——」といわれる世代になっていました。あれ？私はもう若手じゃないの？　それをそのまま口にすると、杉浦先生からは「おまえ、図々しいな」と言われるのですが、私自身はいつまでたっても、年下のイメージなのです。

実際に付き合いのある年下のコーチですぐに思いつくのは、大阪桐蔭高校の市川藤乃先生くらいです。彼女とは一緒に旅行をする仲ですが、年上として何か物申すといったことはありません。「愛さん、うち、こうなんです」と聞けば「うわ、そうなの？　おまえ、大変だな。ここをこうしとけばいいんじゃない?」という軽い話ばかりです。指導者として誰かの上に立つなんてことは考えたこともありません。

もちろん、面識のない若いコーチが、四日市メリノール学院中学校の練習を見せてくださいと、実際に見にくることはあります。でも、私の練習はおもしろくないと思うのです。ファンダメンタルの追求で、できなければ、さらに基礎ドリルに戻っていくわけですから。

若いコーチが子どもたちを連れてきて、最後に一言と求められれば話すこともありますが、偉そうなことは言いません。「わざわざ来てくれてありがとうね。楽しかった？」と聞くくらいです。

具体的な疑問を投げかけられれば、アドバイスをすることもあります。

たとえば、名張市立桔梗が丘中学校（三重）の杣田厚司先生から連絡が来ました。杣田先生は私よりも年上ですが、若いころからお世話になっていて、仲がいいこともあって連絡をくださったのです。「部員数は少ないけれど、今年は全中に行けるチャンスがある。でもこういうオフェンスをしてくるチームに対するディフェンスがわからないんだ」。そう言われたら、私のわかる範囲で一緒に考えたいと、東海ブロック大会の直前に一緒に練習をしました。

四日市メリノール学院高校の子どもたちに相手チームのオフェンスをやらせて、男子チームに「ここの守り方はこうしよう」「この攻め方にはこう守るよ」とアジャスト練習をしたこともあります。

その後もよく電話をくださって、「うちのエースは1対1を途中でやめて、プルアップジャンパー（ジャンプシュート）を打ってしまうんだけど、どうしたらいいかな？」と言ってきたときは、こう答えました。

「その子に『プルアップジャンパーなんていつでも打てるから、今はゴールまで行ききる力をつけさせたい。しばらくの間、全部レイアップシュートに行け』と言ってあげたらどうですか？　それで一定期間が過ぎたら、そのなかで判断させればいいと思います。ゴールまで行けると思ったら、ディフェンスにコンタクトしながらアンドワン（バスケットカウント）をもらう。それが難しそうなら、ストップしてプルアップジャンパーを打つ。まずは自分からアタックすることをやらせておいて、それでもヘルプが出てきたら、パスをさばく。バスケットは確率の問題だから、自分で攻めたほうがいいのか、パスをしたほうがいいのかを判断させましょう。でもパスを意識しすぎて、自分で攻めることを忘れるのはよくないから、まずはプルアップジャンパー禁止から始めては？」

具体的な悩みや疑問があれば、私もわかる範囲でアドバイスをしますが、疑問が具体的でないと、こちらとしても答えようがありません。「うちのチーム、どうでしたか？」と聞かれても、どこを見てほしいのかがわからなければ、感覚的に「ここがよかったんじゃないですかね」としか返せないのです。

四日市メリノール学院中学校と同じ練習をしたからといって、四日市メリノール学院中学校と同じようになるわけではありません。むしろ私たちと一緒に練習や練習試合をして、相手チームのコーチたちがどう感じているのかを聞きたくなります。

子どもたちを育てる、育てないとか、子どもたちに教える、教えないといった話よりも、まずはコーチ自身がどう感じているのか。それを言ってもらわなければ、こちらの押し付けになりかねません。それは違うと思っています。

私自身は、たとえば愛知学泉大学の練習を見たら「これはどうやっているんだろう？」という疑問が自然と湧いてきます。どうしてこんなことになるのだろう？　なぜこの練習をするのだろう？　という疑問が湧いてきて、「ああ、私だったら、こんなバスケットがしたい」とワクワクした気持ちになるのです。

逆にいえば、四日市メリノール学院中学校の練習を見て、そうした疑問が湧かなかったり、こういうバスケットがしたいという気持ちにならないのは、私の練習や四日市メリノール学院中学校のバスケットがおもしろくないと思われているからかもしれません。私も、四日市メリノール学院中学校・女子バスケットボール部もまだまだ未熟です。

子どもたちがおもしろいと思うバスケットを追求する

私自身もバスケットをやっていましたから、やっている選手自身が「超おもしろい」と思えるバスケットはいいなと思います。コーチになってからも、子どもたちと一緒にバスケットをやっていて、私自身が「うわあ、楽しい！」と思いたいのです。そのためにはまず子どもたちが「超おもしろい」「楽しい」と思わなければ、私自身もそう思えません。

子どもたちに、たまにはっきりと言うことがあります。

「おまえらのバスケットはおもしろくない。めっちゃおもしろくなかった」

それは、子どもたち自身がおもしろくないと思いながら、バスケットをやっているように見えるからです。自分でそう言いながら、コーチである私自身も「じゃあ、どうしたら、子どもたちがおもしろいと感じてくれるんだろう？」と考えるわけです。

おもしろくないのは「やらされているバスケット」だからです。おもしろくなさそうにバスケットをしていたら「もっともっとアイデアを出してみたら？」と言ったりします。

逆に「今日、私はすごくおもしろかったけど、おまえらはどうだった？」と聞くと、「おもしろかったです」と返ってきます。

私がおもしろいと感じているのは、子どもたちもおもしろいと感じてやっているからだし、だったら見ている人たちにも、きっとおもしろいと思ってもらえるはずです。

そこに行き着くまでには、おもしろくない練習もあります。おもしろいと思えるバスケットをするためには、さまざまな段階を経なければいけないのです。「この練習であんなプレーができるの？」と思われることもあると思いますが、そうではなく、「この一見おもしろくなさそう練習があるからこそ、あんなにも子どもたちはおもしろそうにプレーができる」

のです。

ごくまれに、何しに練習を見に来たのだろう？　と思うことがあります。練習を見にこられた若いコーチが「ビデオを撮ってもいいですか？」と聞いてくるので「どうぞ、どうぞ」と受け入れます。

でも大切なのは練習内容をビデオに撮ることではないと思うのです。子どもたちに何をどう追求させるのか。子どもたちが何をどう感じてこういう動きになるのか。それをコーチ自身が理解することが一番大切だと思います。

若いコーチもいろいろなことに苦労しているのでしょう。壁にもぶち当たっていると思います。私自身もコーチを始めたころはそうでした。でもそこをおざなりにしていくと、そのまま過ぎていってしまいます。そうではなく、苦労して、壁にぶち当たったことを突き詰めていけばよいのです。

保護者との関係性に悩んでいるのであれば、保護者とも話したらいいのです。私も保護者とよく面談をします。最近はこうですよ。こんな様子ですよ。そう話すと「この子に足りないのは何ですか？　どうしたら試合に出られますか？」と聞かれます。そのときははっきりと理由や意見を伝えることもあります。

でも多くの場合、その理由は子どもたち自身がよくわかっています。月に1回、チーム内で試合をして、全員に伸びているところと課題を伝えているので、よくわかっているのです。

でも、その課題をクリアしたからといって、試合に出られるとは限りません。そこもはっきりと伝えます。試合に出られるかどうかは別として、そのための努力をしっかりするかどうかは自分次第だと。

トレーニングに取り組む姿勢が悪い子には、親の前でもはっきりと言います。

「みんながおまえのトレーニングを見ているよ。体が絞れてこないよね、ケガをしても元の体型のままだよね。普通はケガをしたら、トレーニングをして、ケガをする前よりいい状態になるはずなんだよ。ケガをすることが悪いわけじゃない。でも、その後の姿勢はよくないよね。すべては自分次第なんだよ」

理解力の高い高校生たち

2022年から高校女子バスケット部の指導にも携わることになりました。軸足は今も中学バスケットにあると思っていますが、やると決めた以上、高校でも中学校と同じくらいの力を注いで、指導をしています。

比較するのはあまり意味のないことですが、やはり高校生のほうが理解力は高いです。理解力が高いと、こちらの言ったことに対する遂行《すいこう》力も早くなります。そこは中学生と高校生の大きな違いです。

1年目の2022年は、インターハイこそ逃しましたが、ウインターカップには出場しました。2年目の2023年はインターハイとウインターカップの両方に出場しています。ウインターカップの1回戦は東海大福岡高校との試合でした。下馬評では圧倒的に東海大福岡高校が優位です。前年のウインターカップでは桜花学園高校を倒してベスト4まで勝ち進んでいますし、激戦区の一つでもある福岡県を1位で通過してきたチームですから、そう思われても仕方ありません。高さのある留学生もいます。

「ジャイキリしようぜ」から始まりました。ジャイキリとは「ジャイアントキリング」、つまりは下剋上《げこくじょう》、大金星を挙げる、といった意味です。普通であれば、「ああ、東海大福岡か……」と意気消沈してもおかしくありません。だから先手を打ったのです。

何度もビデオを見て、これは行ける、ここも行ける。ここはしっかり抑えよう、ここを抑えてこれをやったらいける。ここではうちが勝っている、でもここは相手のほうがちょっと強いな。その「ちょっと」がじつは大きな差なのですが、あえて「ちょっと」と言います。ここは絶対にうちが上回っているから大丈夫。そうやって根拠のない自信を植えつけていきました。

試合は73－82で負けましたが、対戦相手が決まってから1カ月という短い期間で、子どもたちは最後までやりきってくれました。それが何よりもうれしかったです。

なかには高校から四日市メリノール学院に来る子もいるわけです。1年目は特に大変かもしれません。四日市メリノール学院中学校にいた子どもたちは、そのときから「日本一」を目標に掲げて、日々の練習をしています。でも多くの中学校はそうではないので、高校から入ってきた子の多くは馴染《なじ》むまでに時間がかかるのです。

だとしても、四日市メリノール学院中学校にいたかどうかは関係ありません。その証拠に、2023年のチームはキャプテンの志摩香奈子（東京医療保健大学）の存在が大きかったです。香川県の丸亀市立西中学校から来た子で、笠井智代先生という素晴らしい指導者の下で、緊張感のある練習と、それに見合うキャリアを積んでいました。

先ほどのウインターカップ前の練習でも、私の植えつけに対して「そうですね、ここは勝っていますよね」と大人の会話ができましたし、それを周りに落とし込むこともできていました。

志摩に限ったことではなく、そうしたことのできる子は、やはり中学の指導者がしっかりと指導されています。しかもそうした中学の先生は、ウインターカップの応援にも来てくださいます。

東海大福岡戦も応援に来てくださって、試合後に「ナイスゲームだった。本当にうれしかった」と言ってくださいました。負けた後なのに、私にはその言葉がうれしかったです。いわば同じ中学バスケットの指導者同士です。その先生方が「愛ちゃん、ありがとう。（教え子に）最後にあんないい形で、高校バスケットを終わらせてもらって」と言ってくださったこと。それは、何にも代えがたい言葉でした。

高校バスケットでもやり抜いてもらいたい

東海大福岡戦の後に、中学バスケットの指導者にかけられた「最後にあんないい形で終わらせてくれてありがとう」という言葉は、同じ中学バスケットの指導者としても強く共感します。私も、四日市メリノール学院高校以外の高校に子どもたちを送り出します。そこでの結果には、正直なところ興味がありません。負けてもいいから、やり抜いてくれればいいと思って送り出しているからです。

四日市メリノール学院中学校でバスケットを頑張ってくれた子どもたちが、自らの意志で高校を決め、そこでバスケットをやると決めたときから、その子が試合に出るかどうかなんて、言葉はよくありませんが、どうでもよいのです。自分で決めた高校でやり抜いてくれさえすればいいのです。

なかには、桜花学園高校に進む子もいます。桜花学園高校は常に全国優勝を狙っているチームですから、当然、全国優勝に向けて一心不乱に練習していくことになります。それでも私のスタンスは同じです。自分の意志で桜花学園高校に行くことを決めたのですから、私がかける言葉は「桜花学園で最後までやり抜いておいで」です。やり抜いた先に、その子の未来があります。

粟津もそうでした。朝明中学校から桜花学園高校に進み、１学年上には脇梨奈乃さん（元アイシン・ウィングス）や藤本愛妃（富士通レッドウェーブ）がいました。同級生には馬瓜ステファニーがいます。能力的には彼女たちに敵わないところが多かったけれども、「だからこそやり抜いてこい。おまえにはおまえのよさがあるよ」と送り出しました。

彼女は高校2年生からスタメンに起用されています。それが本当によかったのかどうか私にはわかりません。でもやり抜いた先に何かがあるという意味では、それも一つの結果です。

高校卒業後、粟津はデンソーに入団しますが、そこで入団早々にひざの前十字靭帯を断裂しました。つらい、苦しい、もう辞めたい。そう言ってきたときは、厳しいようだけれども「いや、まだ辞めちゃダメだ。やり抜いていないでしょ」と返しました。

結局2年で辞めることになりましたが、その後は愛知学泉大学の短期大学に進んで、インカレに出場。西日本大学バスケットボール選手権と国体で優勝しています。そこからもう一度Wリーグに復帰し、今度は東京羽田ヴィッキーズでプレーしました。そこでもやり抜いて、今は、私の下でアシスタントコーチをしてくれています。

粟津の同級生、平野も桜花学園高校に進みますが、プレータイムはほとんどありませんでした。それでもウインターカップの決勝戦だったかな、チームのファウルトラブルのなか、わずか1分半でしたがゲームの流れをつないでいました。出てくるときは「うわっ、ここで出てくるのかよ。それまでプレータイムもなかったのに……」と心配になりましたが、そこを乗り切ってくれました。「ああ、よかった、つないでくれた。やり抜いてくれた」。その後、愛知学泉大学に進んで、インカレで準優勝、アシスト王も獲りました。トヨタ自動車では「石の上にも三年」と言って、腐らずに頑張り続けてくれました。２０２４－25シーズンからは、韓国ＷＫＢＬでプレーしています。それは自分の信じた道で最後までやり抜きたいという平野の思いでしょう。

そういう二人の姿を見ているからこそ、高校生も、もちろん中学生も、どこにどう進もうとも、「やり抜いた」という形で終わらせてあげたいのです。

言葉で簡単に「やり抜く」と言っても、実際には相当難しいことです。でも、だからこそ、やり抜くことにチャレンジしてもらいたいという思いは常に持っています。

その視点で見ると、２０２３年のウインターカップの東海大福岡高校戦は、勝つチャンスがあったため少なからず悔しさはありますが、子どもたちはやりきってくれたので、ナイスゲームでした。

2024年の夏はインターハイ・ベスト8へ

高校を指導するようになって3年目の２０２４年夏、福岡県で開催されたインターハイで初のベスト8に入りました。

高校生たちの目標はずっと「全国大会ベスト8」です。２０２３年のウインターカップでもそう言っていました。１回戦で東海大福岡高校に競り負けましたが、先述のとおり、ナイスゲームでしたし、その東海大福岡高校がベスト4まで勝ち進んだことで、そのチームと渡り合ったのだからという自信も芽生えていたのでしょう。

2024年6月に行われた東海ブロック大会の1回戦で安城学園高校（愛知）に20点差の大敗を喫したことも、ターニングポイントになったのかもしれません。その後、いろんな高校や大学と練習試合をさせていただいて、チームとしての成長を子どもたちが感じていたからこそ、8月のインターハイでも躍動してくれたのだと思います。

シックスマンには、中学校時代、深津にパスを入れるのが一番うまかったガードの大久保結奈を置いて、スタメンのガードには1年生の中嶋とわを起用しました。ほかにも、三重県内のほかの中学校から来た、センス溢れる刀根綺萌をスタメンに起用。中学校と高校ではバスケットの質がまったく違うのですが、それを承知のうえでの起用です。さらにいえば、スタメン5人のうち、3人は四日市メリノール学院中学校以外から来た子たちです。

中学時代に四日市メリノール学院中学校の主力だった、2024年の高校2年生と3年生は、桜花学園高校や福岡大学附属若葉高校、浜松開誠館高校、岐阜女子高校（岐阜）などにそれぞれ進学しています。四日市メリノール学院高校に残ったのは、中学時代にさほどキャリアを積めなかった子たちです。第4章で登場した太田蒼もその一人です。その子たちがけっして腐ることなく、インターハイでも、最後までいい表情で楽しんでくれました。それはベスト8という目標を達成したこと以上にうれしいことです。おそらく、日本の高校生で一番楽しくバスケットをやってくれたのではないかと思っています。

大人になっても楽しめるバスケットを

2024年はインターハイと全中のほかに、もう一つ大きな大会がありました。10月に佐賀県で行われた国民スポーツ大会（国スポ。旧国民体育大会）です。私も三重県の成年女子チームのアシスタントコーチとして出場しています。アシスタントコーチとはいえ、実質的な指揮は任せていただきました。1回戦で福岡県と対戦し、69－85で負けました。

でも最高におもしろかったです。じつはその試合のコートに6人の教え子がいたのです。三重県には粟津を含めて4人、福岡県にも2人いました。巣立っていった子たちと、彼女たちが大人になってから試合ができたことがどれほど楽しかったことか。この子たちとまた一緒にバスケットができるというだけでウキウキします。

粟津に至っては11年ぶりです。今では四日市メリノール学院中学校でヘッドコーチとアシスタントコーチという間柄ですが、三重県・成年女子チームではコーチと選手です。朝明中学校時代に戻ったみたいに、私の指示に「はい！」と答えるのです。Wリーグでプレーした選手がそんなふうに答えるなんて……。笑ってしまいます。

そうなった経緯にも少し触れておきます。

2024年は東海ブロックから2県が国スポに出られたので、三重県協会から、何とか三重県にゆかりのある選手を呼んでもらえないかと持ちかけられました。栗津は私のすぐ隣にいるし、筑波大学に進学していた黒川心音や、関西学院大学に進学していた東紅花にも声をかけました。了解を得られたら、じゃあ誰が指揮を執るんだという話になります。教え子がいるのだから、稲垣愛しかいないだろうと言っていただいたのです。

そうしたら初戦が福岡県です。日本経済大学に進んでいる卒業生の大久保陽菜と柿元舞音が選ばれていました。当初はもう一人、田中夢理もいたのですが、ケガのためエントリー外に。一方、三重県には栗津と黒川、東、そして愛知大学に進んでいる永井友里菜の4人が出場。本当におもしろかったです。

結局のところ、私が目指しているのはそういうバスケットです。中学校や高校での勝ち負けがどうこうではなく、大人になっても楽しそうにバスケットができるかどうか。楽しそうにバスケットをしている人を見ることが、私自身も楽しいのです。

2度の前十字靭帯断裂を経験した栗津が楽しそうにプレーして、25得点を挙げています。Wリーグでプレーしているときは、そんなに得点を取るようなプレーヤーではなかったのに、楽しそうにプレーしてそれだけの得点を取るわけです。

そんな栗津を、ガードの黒川が「はい、カイさん（栗津のコートネーム）、シュートを打ってください」とパスを出して、使っています。東の躍動感も「そうだよな、おまえはそういう選手だったよな」と私に思い起こさせてくれました。

いくつになっても、子どもたちが——もう十分に大人ですが——楽しんでやってくれることが何よりも楽しいのです。

それはこれからも変わらないと思います。そうでなければ、バスケットも、コーチもおもしろくありませんから。

おわりに

じつは今、コーチングの映像を制作しています。これまで、そうしたオファーはすべてお断りしてきました。今では四日市メリノール学院中学校・高校のコーチとして、バスケット界では多少知られる存在になってきましたし、テレビ番組でも何度か取り上げていただきましたが、私自身はコーチングの映像を出すような指導者ではないと思っていたからです。

書籍についても同じような思いだったのですが、今回、ご縁があって本書を出版することになりました。踏み切ったのには理由があります。

私は、2006年5月から2007年の7月まで指導した朝明中学校の、私にとってのいわゆる「1期生」たちを今でも大切にしています。バスケット界ではまったく無名の子どもたちです。無名だけれども、あのときのキラキラした目は、多くの方が知っている有名人――たとえばプロアスリートや芸能人、モデルなど――よりも輝いていました。あの輝きは生涯忘れません。そのときの子どもたちや保護者の方々が、本書を出すことで喜んでくださるのではないかと思ったのです。

その子たちが「就職しました」と報告に来たり、初任給でご飯を食べに連れていってくれたことにはすでに触れました。「結婚します」と、四日市メリノール学院中学校まで、旦那さんになる方を連れてきてくれたこともあります。先述した今枝莉美です。ご両親と一緒に来てくれました。

その旦那さんは、県内の強豪校、県立四日市工業高校のバスケット部だったらしく、私と会うことに緊張していたそうです。当時、私は三重県のバスケット界では少しは名前が知れてきていたので、「あの稲垣愛さんが恩師なのか……」と怯《ひる》んでいたらしいのです。

「は、はじめまして……このたび莉美さんと結婚をさせてもら……いただくことになり……」

「いや、そんな緊張せんでええで」

その場にいた、彼以外の誰もが笑って、一気に和みました。

1期生の保護者も、私が何度か出演したテレビの話を聞きつけると、それだけで喜んでくださいます。それほど喜んでくださるのなら、それだけでも本書を出すことに価値があるのではないかと思えたのです。

繰り返しになりますが、彼女たちのキラキラした目は一生忘れないし、それが私のコーチとしての原点でもあります。あのときの子どもたちの目の輝きを、言葉にして後世に残せるのであればと思って、本書をしたためました。

同時に、あのときとまるで変わることのない、中学バスケットにとって大事なことを記すこともまた、僭越《せんえつ》ながら一定の価値があると考えました。改めて掲げると、次のようなことです。

失敗ってそんなにダメなことなの？

試合に出られないことはそんなにダメなこと？

頑張っている姿ってどういう姿なの？

本書を通して、そのことを伝えたいと思いました。コーチ歴が20年近く経った今も、私だって失敗します。子どもたちだって毎日のように失敗します。

失敗の種類にもよるとは思いますが、次につながる失敗であれば、どんどんすればいいのです。ナイスチャレンジです。次につながらない、いい加減な失敗であれば、私も叱ります。でも、それだっていいのです。どんなに失敗してもいい。叱られたっていい。あとはそれを子どもたち自身が自分でどうするかです。プラスにするのか、マイナスにするのかは子どもたち次第です。

コーチになって20年目のシーズンが始まろうとしています。こうして19年を振り返ってみると、本当におもしろかったです。おもしろかったし、感謝する気持ちを教わったように思います。バスケットがこれほどまでに楽しいものだと改めて教えてもらったし、子どもたちと一緒にいることがこれほどまでに楽しいと、ほかならぬ子どもたちに教わりました。

卒部式の日に流す動画に記す言葉があります。

「私にバスケットを教える楽しさを教えてくれてありがとう」

毎年、楽しさは異なりますから、本当に「ありがとう」しかありません。いい子もいれば、手のかかる子もいましたが、これまでのすべての教え子たちに「ありがとう」と言いたいです。

もちろん保護者のみなさんや四日市メリノール学院中学校・高校の理事長や校長先生、教頭先生、お世話になっている先生方、コーチとしての私を支えてくださったさまざまなカテゴリーのコーチのみなさんにも感謝しています。こんな落ち着きのない私をサポートしてくれた夫と娘の結乃、愛犬たちもありがとう。

これからも、まだ出会っていない子どもたちと一緒に、四日市メリノール学院中学校・高校で楽しく、おもしろいバスケットを追い求めていきたいと思います。

最後まで読んでいただき、ありがとうございました。

令和7年4月吉日

四日市メリノール学院中学校・高校　女子バスケットボール部コーチ

稲垣　愛

Profile

稲垣 愛

いながき あい

1974年4月24日生まれ、三重県四日市市出身。三重県立四日市西高校から愛知大学に進学し、4年時に全日本大学バスケットボール選手権に出場。大学卒業後は一般企業に勤めながら、三重県成年女子や中学校でバスケットの指導に携わる。2007年、前年からサポートしていた四日市市立朝明中学校・女子バスケット部の外部コーチに就任。2013年の全国中学校バスケットボール大会（全中）ではチームを準優勝に導いた。2017年に四日市メリノール学院中学校・女子バスケット部のヘッドコーチに就任し、2021年、2022年の全中とジュニアウインターカップでいずれも連覇を達成。2018年からU16/U17女子日本代表のアシスタントコーチも務め、2022年からメリノール学院高校・女子バスケット部でも指導にあたっている。

A

近年、育成年代の子たちを指導するにあたって、「強化か、育成か」といった議論がなされます。私はどちらも一緒のものとして考えています。強化と育成で何が違うのでしょう？　なぜ分けて考える必要があるのでしょうか？

きちんと育成していたら、それが強化につながると思っています。むしろ育成をしない指導者は強化もできません。教えるべきファンダメンタルを教え、きちんと育成し、勝負に挑む。それだけです。

バスケットボール選手《せんしゅ》にとって技術《ぎじゅつ》よりも大切《たいせつ》なこと

2025年4月30日　第1版第1刷発行

著　者　稲垣《いながき》 愛《あい》
発行人　池田哲雄
発行所　株式会社ベースボール・マガジン社
〒103-8482 東京都中央区日本橋浜町2-61-9
TIE浜町ビル
電　話　03-5643-3930（販売部）
03-5643-3885（出版部）
振替口座　00180-6-46620
https://www.bbm-japan.com/

印刷・製本　広研印刷株式会社

Printed in Japan
ISBN 978-4-583-11455-2 C0075